不吼不叫
陪伴式成长

赵勇 —— 著

苏州新闻出版集团
古吴轩出版社

图书在版编目（CIP）数据

不吼不叫陪伴式成长 / 赵勇著. -- 苏州 ：古吴轩
出版社，2024.5

ISBN 978-7-5546-2350-3

Ⅰ．①不… Ⅱ．①赵… Ⅲ．①家庭教育 Ⅳ．①G78

中国国家版本馆CIP数据核字（2024）第072616号

责任编辑：李爱华
见习编辑：李 楠
策 划：周建林 吴海燕
装帧设计：尧丽设计
版式设计：林 兰

书 名：不吼不叫陪伴式成长
著 者：赵 勇
出版发行：苏州新闻出版集团
　　　　　古吴轩出版社
　　　　　地址：苏州市八达街118号苏州新闻大厦30F
　　　　　电话：0512-65233679　　邮编：215123
出 版 人：王乐飞
印 刷：水印书香（唐山）印刷有限公司
开 本：670mm×950mm　1/16
印 张：10
字 数：92千字
版 次：2024年5月第1版
印 次：2024年5月第1次印刷
书 号：ISBN 978-7-5546-2350-3
定 价：49.80元

　　很多父母在教育孩子的过程中遇到的最大难题，就是孩子不听话、不自觉。你说东，他往西；你让他打狗，他一定会去撵鸡。在他们看来，学习好像是父母的事，人生好像是别人的事。

　　我们为孩子思虑的未来是明晰、长远的宏图，孩子看到的世界可能只是"让我自在点儿玩"那方寸天地。

　　你告诉他："今天不努力，明天就会很费力。"他把你的话当成耳旁风，吹过就吹过了。反正未来很远，和他还没什么相干。那架势，好像他能做一辈子孩子，才不急着长大。你要是撒手不管他，他可能很快就出溜到阴沟里。

　　也许不知道从哪一天开始，孩子就变成了一株扎手的蒺藜，管又管不得，扔又扔不得。我们信奉了多年的"我命由我不由天"，哪里看得惯散漫成性的孩子。为什么有些孩子就是不能自觉、自立？

其实，教育是一门艺术，很多人只知道管教，却不知道什么时候该管，该怎么管，管到哪一步。

有些父母自称费尽心力，但也只不过是给孩子买最好的营养品，选最好的学校，规划自认为最顺的那条路罢了，孩子平时却轻易见不着他们的身影。偶尔闲下来了，或者哪一天心血来潮了，父母就把孩子叫来，问问情况，点评一顿，然后大手一挥，"有事上奏，没事退朝"，完全把自己当成孩子的领导，高高在上，从没想过去了解孩子，更没想过读懂孩子。他们认为，孩子这类生物会自己长大。

有些父母则全身心扑在孩子身上，吃穿住行要管，学习规划要管，社交活动要管。他们把孩子当成自己雕琢的作品，一心追求完美、再完美、更完美。他们不允许孩子出一点儿差错，仿佛孩子睡觉时身上压出一条红印子都是天大的罪过。他们关注的重点只有一个，那就是孩子。他们认为，孩子就是两代人的未来，不能让他一个人跑偏。

正是这些做法才养出了不自觉、不自立的孩子。前者没有在该管的时候、该管的地方出现，让孩子有了心理的缺失，转头却又对孩子要求这个、要求那个。后者又管过了头，让孩子失去了自我成长的机会，转头却又抱怨孩子做事无能、遇事无措。

有一种成长叫心力足，孩子的精神动力十足，才能自觉自律。而要想让孩子心力足，就只需做一件事，那就是"陪"。所谓陪，不是无时无刻地陪在孩子身边，也不是360度管，而是心在一处。

在孩子建立安全感、秩序感时，让他听到父母的声音，让他感受到来自世界的温暖，无条件地向孩子表达爱，让他专心去提升自己的心力，他就不会因为内耗怀疑自己，或者因为外耗而伤害他人。

在他探索世界的奇妙、感受社会的规矩、摸索人生的路径时，陪在他的身边，看他的需求，懂他的兴趣，在该引导的时候顺势做事，在该隐身的时候默然离开，把孩子的人生交给孩子。他有心力、有动力、有能力，又怎么会走不好呢？

本书首先探讨了如何陪才是最好的陪，然后又从玩、做事、学习、看世界等四个角度深入探讨了如何正确地陪孩子。只有走心的陪伴，才是最好的陪伴；只有顺势教育，才能发掘孩子的优点。

在该陪的时候不缺席，在孩子起飞的时候才不用瞎努力。

目 录

第一章

陪身陪心，孩子省心

　　没有陪伴，终归缺憾。父母给孩子最好的礼物，就是在他最需要力量和温暖的时候，陪在他的身边。不仅是身体的陪伴，更是心灵的陪伴。我们得学会看懂他、看透他，顺势而为，孩子才会成为更好的自己。父母贴心，孩子才省心。

想要日后少操心，今天你得先走心

对很多父母来说，有一个省心、自觉的孩子，约等于拥有幸福的一生。毕竟我们看过太多父母被"熊孩子"折腾得心力交瘁的新闻了：辅导作业进了医院的，为防止孩子游戏成瘾愁白了头的，因孩子闯祸给人道歉道累了的……

凡是家长坐在一起聊天，不管开头主题多么五花八门，最后的落脚点大概都是"养孩子不易"。谁家要是有个省心、自觉的孩子，那他就是聊天的焦点，是要被大家羡慕的。

我们都是普通人，若是接了个养"神兽"的使命，那可能一开始喜笑颜开，后来不知道怎么养着养着就变了味。孩子没了当初的软萌，父母也不再像曾经那么宠溺，今天为写作业鸡飞狗跳，明天为规划未来吵得一地鸡毛。父母天天操碎了心，却没有一样顺心，气急了便忍不住抱怨："再也不管你了。"可一遇到事，还是不敢撒手，因为真怕孩子往下出溜。

不知有多少父母在夜深人静时，皱着眉心苦想：我到底做错了什么？怎么孩子越管越不好管呢？其实，孩子不是管出来的，而是陪出来的。管出来的孩子是被动的，陪出来的孩子是自觉的。

肯定会有人对这话充满疑惑：光陪着，孩子就能长好？答案是肯定的。当然，陪可不简单。"陪"就一个字，

内涵却很深厚。成长这件事，孩子是主体，所以陪首先是观察，然后是共心。有个词叫"水到渠成"，孩子是什么料，你就给他往什么地方引，顺势而为，孩子乐意，你自然轻松。这个过程，就像做根雕一样。

年轻的匠人做根雕，可能拿过来就开工，但老艺术家拿到原材料后，会看着它，琢磨它，整日围着它转，不错过一个韵味十足的根段、一个丑陋不堪的疤痕、一个逆向横生的枝节。

直到某一天，根雕的灵性和老艺术家的思维融为一体时，老艺术家便开始创作。由于胸有成竹，老艺术家雕刻时会又快又稳，雕出的作品既有根料的自然美，又极具艺术感。美的根段具有灵性，丑的疤痕有了意趣，横生的枝节更是让作品萌发了生命的律动。

可以说，在根雕艺术的创作过程中，"围着根雕转"这个过程至关重要，它直接决定了作品的自然度、艺术感以及市场价值和艺术生命。

教育孩子和做根雕一样，一不能上来就立刻下手，二不能千篇一律地管教，一定要随形就势，让每个孩子天生的价值发挥到极限。所以第一步一定得是一个字——"陪"。

当然，创作根雕和培养孩子又有所不同，因为孩子有自觉性，当你的教育能和孩子的灵性完美融合，孩子的自主性被激发，他做什么都会有模有样，他的未来也很少会让你操心。

要想达到这样的效果，就得在该陪的时候陪，不光陪身，还要陪心。有些父母陪都没陪，凭什么指望发现孩子的灵性？也有些父母的确整天围着孩子转，可陪身不陪心，看是看了，孩子是孩子，父母是父母，又如何能激发孩子的自觉性？

说起《中国诗词大会》的才女，我们可能最先想到武亦姝，其实还有一个后起之秀，那就是山东的王艺晓。她的参赛视频也引起了大众的广泛关注。还是小学生的她就已经成了省级"国学小名士"，不仅诗词素养很高，还能歌善舞，会弹琴，爱主持，多次参加山东省电视台的活动，备受瞩目。

看过她分享日常生活的短视频的人都知道，她是一个古灵精怪的孩子，不喜欢枯燥的学习，不愿意接受过于严格的管束，贪玩好动，也有考不好的情况，也遭遇过挫败。但她性格好，心态好，自觉自律，学习安排得明明白白，爱好也发展得顺顺利利。

　　这里面自然少不了父母的功劳。王艺晓的父母都是老师，非常重视陪伴孩子，陪孩子一起玩游戏，一起阅读，一起锻炼，带孩子参加各种合适的社会活动。父亲是语文老师，在王艺晓会说话后，就给她读古典故事。父亲发现她的记忆力很好，对有韵律的诗词感兴趣，就引导她背诵，给她奠定了浓厚的古典文化底蕴。

　　在日常生活中，父女俩也有"你管我烦"的时候。比如，周日，父亲想要将女儿留在家里学习，母亲却拉着父亲去逛街，同时放女儿出去和同学玩，结果在商场一家三口"狭路相逢"。父亲严肃而不失幽默，母亲温暖又让人安心。看上去父女俩"相爱相杀"，亲子关系却一直是和和睦睦的。

　　王艺晓的父亲在电视采访中说，自己最大的愿望就是能跟着女儿上初中、上高中、上大学，大家以为他想一直陪着孩子，但他说，希望自己活到老，学到老。

　　其实，如果父母从小陪得好，管在适当处，大多数孩子上了初中后就能自觉自律，因为他有自信，有目标，有毅力和自制力。

　　要陪出自觉的孩子，需遵循以下两条宗旨。

1. 陪孩子要趁早

别等孩子长大了，才想起来管孩子。要知道，没给飞机安装发动机，控制键做得再好，飞机也难起飞。成长，本来就是一件需要小心翼翼地呵护的事情，任何细枝末节都需要父母尽心尽力。不陪在身边，没有呵护，以后孩子怎么会认可你？

2. 陪孩子要走心

孩子可以引导，但不要强迫。根雕创作的故事就是告诉我们：围着转不可少，但一定要顺势而为、随形就势。不要照搬别人的模板，看到其他孩子的成就，就希望自己的孩子也能在这方面出类拔萃。每个孩子都是上天的恩赐，孩子是什么材料，就

让他成为什么，真正发挥自我价值。顺势陪伴，孩子才能更加自觉。

最好的陪伴，是该陪在身边的时候，不缺席；该放松的时候，不严苛；该引导的时候，不疏忽；该自由的时候，不掌控。

既能赚钱养家，也有办法陪娃

谁不希望自己的孩子能成龙成凤呢？谁不愿意做优秀的父母呢？可愿望是愿望，生活是生活。对很多父母来说，要陪娃就没办法赚钱养家；要赚钱养家，就没办法陪娃。

有一个妈妈，由于工作的需要，她会经常出差，每次一走少则一周，多则几个月。每次走的时候，儿子都会抱紧她的大腿，哭得撕心裂肺。她当然知道教育的重要性，也非常希望能够陪伴孩子一起成长，但她是单亲妈妈——若在家陪孩子，母子俩就得喝西北风；若出去工作，就只能将孩子交给年迈的母亲。

后来，她每次出差都偷着离开。可出差一段时间再回来的时候，孩子见到她，就会躲在外婆的身后。她要连哄带笑地陪孩子好几天，孩子才会重新对她露出笑脸。笑了的孩子撒着娇说："妈妈，你不要走了，好吗？"她虽然答应了，可她的工作竞争激烈，不进步就等于被淘汰。她即使不出差，也经常加班到很晚。

一年后，她终于成功晋升，在家人给她举办的庆功宴上，儿子举起果汁对她说："恭喜季女士晋升成功。"她很高兴，过去抱起儿子，亲了一口。儿子狠狠推开她，擦了一把自己的脸，说："季女士，你为什么要亲我？我和你又不亲！"

对孩子来说，这可能就是脱口而出的一句心里话，但对这位妈妈来说，却不啻晴天霹雳：儿子怎么和自己不亲呢？

我们总是以为，赚钱是刻不容缓的，别说每天都需要的柴、米、油、盐，就是奶粉、学费，哪一样不得提前准备呢？作为父母，首先得为孩子的成长做好准备。而且，孩子成长是一个漫长的过程，我们

最终还是要回到自己的生活中。一旦被淘汰，别说自己的老年生活，也别谈当下的自我价值实现，就是孩子的成长之需，也会捉襟见肘。

可你知道吗？孩子的成长是很容易就会错过的。我们可能经常会听到教育缺席的父母在某一天终于关注到孩子时，发出的感叹："我儿子（女儿）居然都长这么大了！"不光他长大了，他的眼神也充满陌生感了。明明和他坐在一张餐桌上吃饭，你却觉得你们之间隔着万水千山。

他受到表扬了，交到新朋友了，他的喜悦、兴奋不会分享给你，因为他觉得你很陌生；他被人欺负了，心里有个坎过不去，他的悲伤、难过也不会告诉你，因为你没有给他安全感；他的特别的期待，他悄悄树立的目标，他的理想、愿望，都不会让你知道，因为他觉得他的人生和你的人生没有关系……这时候，他走

错了，你不知道；他受伤了，你不知道……

有很多电影，甚至一些真实案例都在讲述，由于儿时缺少父母的陪伴，孩子长大后心理扭曲，不是自我伤害，就是伤害他人。

总之，不可否认的是，缺爱的家庭会给孩子心里造成一定的伤害。一旦错过了陪伴孩子成长的最佳时刻，你的孩子到底会长成什么样，真的只能等待命运的安排。

养家和陪娃的确两难全，但在当今社会，却未必不可平衡，这里就为大家提供几个实用的方法。

1. 有些工作既能赚钱又能照顾孩子

在互联网时代，许多工作可以让人们在赚钱的同时也能照顾孩子。例如，有些公司实行弹性工作制，员工可以灵活地安排工作，以便更好地照顾孩子。

此外，一些在线兼职的工作也提供了灵活的工作时间和地点，让我们可以在家中完成工作任务，同时照顾孩子。比如网络营销、在线教育、写作等。有些宝妈一边带孩子一边直播带货，卖婴幼儿产品，结果事业做得风生水起，还把孩子培养得很优秀。

2. 最该陪伴的不可缺失

这里面包含两层内容：一个是最该陪伴的时刻不可缺失，一个是最该陪伴的人不可缺失。

那么，什么是最该陪伴的时刻呢？最重要的时间当然是初生阶段。别看这时候他还不认识你，也不会和你交流，甚至记不住你都做了什么，但这时候是建立亲子关系最重要的时期，因为他的潜意识里都有记录，他遭遇了什么，你做了什么，这些最终都会反映到他的心理状态上。所以这个时候多拥抱、亲吻孩子，多和他说说话，让他感受到温暖，会帮助他建立安全感。

除此之外，他成长过程中每个重要的

时间节点，都应该有父母的影子，至少每个节点都应该有一人陪着他。这些时间节点包括：他第一次学会什么，他第一次拥有了什么，他的第一次失败，他的第一次成功，他建立了什么，他维护了什么……简而言之，就是在他心理成长的节点陪伴他。

那么，谁是最该陪伴孩子的人呢？那当然是父母了。

如果父爱缺席，孩子可能无法感受到父亲的关爱和支持。这可能会导致孩子在情感上不稳定，缺乏自信和自尊，甚至会影响他们的学业和社交能力。

如果母爱缺席，孩子可能会缺乏母亲的陪伴和关爱，无法感受到母亲的温暖和支持。这可能会导致孩子在情感上孤独和焦虑，缺乏安全感，甚至会影响他们的身心健康和成长发展。

3. 不能陪伴的时候让孩子感受到爱

如果我们因为赚钱养家减少了对孩子的陪伴，那也要让孩子感受到你的爱。这并不难，最简单的做法，就是给孩子带礼物，但前提是，你得懂孩子的心。这就需要你陪在孩子身边的时候走心，知道他在想什么，知道他到底需要什么。

另外，现在视频通话很方便，就是走到天涯海角也可以和孩子通话。看起来是"塑料爱"，但只要孩子一直能看到你，一直能和你说话，就不会对你感到陌生，在他人生的重要节点，就不会把你排斥在外。

给孩子丰富的物质，不如给孩子一颗充满爱的心灵。童年很短，人生很长，希望每位父母在孩子筑心的阶段不错过，用正确的陪伴给孩子最长情的告白。

在孩子身边玩手机，24 小时贴身陪也没用

有些父母一天 24 小时都陪在孩子身边，结果还是无法与孩子建立亲密的亲子关系。为什么呢？我们看看下面的故事就知道了。

有个全职妈妈，每天都陪在孩子身边。她的朋友圈动态，几乎都和孩子有关。看起来，她是个很称职的妈妈。可就是她，到公园遛娃时，孩子掉进水池里，她近在咫尺，却完全没有察觉，因为她整个人都沉浸在手机的世界里。

幸亏有个路人看见了，冲着她暴喝一声："还玩呢，

孩子都掉水里了！"这个妈妈抬起头时，人还不在状态，直到路人将孩子救上来，她才明白过来，再也顾不得手机，冲过去抱起孩子。幸亏路人看见得及时，否则后果不堪设想。因为长时间溺水的孩子，即使能保住命，大脑也会因缺氧而受损。这个妈妈也认识到了问题的严重性。

陪孩子有时是寂寞的，以至于有些父母没法专心地看孩子探索，没有耐心听孩子的心声。人在孩子身边，心却已经飞走了，你说你的童言童语，我享受我的美丽世界。这就是无效陪伴。什么叫无效陪伴？简单说，就是"身在曹营心在汉"。

有个小孩子写了一篇作文，题目叫《我的爸爸》。他写道："我的爸爸是僵尸。我和他说话，他就会'嗯嗯啊啊'；我抓他的手，他就会拍我的头。我有点儿害怕，爬上他的大腿，想唤醒他，可他的眼睛被粘在了手机上。我又拿起大喇叭，冲着他的耳朵喊，他的眼睛终于看着我了，却瞪着眼睛呵斥道：'你疯了吗？'"

不知道你们观察过没有，沉浸在手机娱乐中的人，真的就像僵尸一样，眼睛是直的，耳朵是聋的，语言是模糊的，身子是机械的。自己的人生都是一副"不能自理"的状态了，陪孩子就更是奢望了。

科技进步了，一部手机就可以填满我们的空虚，可一部手机却有可能造成孩子童年的寂寞。孩子是敏感的，当他看到父母玩手机的状态和日常生活中的不同时，他会害怕。不懂的时候，他会以为你被人控制了；懂了之后，他会觉得你没有多爱他。

对孩子来说，忙着赚钱没法陪伴，还是一个勉强可以接受的理由，可"僵尸陪伴"就显得不可理喻。这个时代还缺人偶吗？走在大街上，商铺门口的那些玩偶都能与孩子互动，你何必自我感动，以为陪着孩子就可以了呢？

有些父母怕孩子捣乱，干脆给孩子一部手机，谁也别理谁，各自欢乐。结果孩子小小年纪就近视，注意力不能集中，就连睡觉时，食指都呈刷手机的状态。这在网络短视频里，好像是乐事，可在孩子的人生路上，却很大概率是麻烦事。

也有些父母不刷手机，也在和孩子玩，但心事很重，脑子里一堆事：刚才那个人说那句话到底什么意思？明天的工作怎么规划更好？后天家庭聚会该准备什么？……父母不会享受清清静静的美好，看不到孩子纯净美好的童年，看不到春光灿烂的自然，每个时刻都给自己绑上沉重的负担。

孩子是一张白纸，我们给了他什么样的示范，他就还以什么样的成长。满脑子都是烦恼的父母，给孩子的是阴暗、凝重；满眼都是笑颜的父母，给孩子的才是美好、光明。既然我们都和孩子绑在一起了，欣赏一下自然的美，体会一下童年的乐，不好吗？

一定要记住：亲子陪伴不是任务，走心陪伴才有意义。

要实现有效陪伴，需要做到以下两点。

1. 参与孩子做的事

参与孩子的事很简单，只需要我们付出足够的耐心。孩子往往充满了好奇心和探索欲，他们可能会不断地提问，而且很多问题都让你没法回答。比如：

人为什么不能爬着走？

我为什么不能下蛋？

为什么公鸡不能和鸭子战斗？

妈妈为什么每天都买东西？

我想让妈妈给我生个哥哥可以吗？

…………

对我们来说，他们问的问题很幼稚，但对他们来说，这是学习和发展的过程。

每一个孩子都是一个刁钻的学习者，我们一定要理解和接纳这一点，要有足够的耐心去回答他们的问题。千万不要因为孩子问的问题太简单就不耐烦，不要因为孩子问的问题太幼稚就嘲笑他，也不要因为孩子问的问题让你尴尬就训斥他，更不要因为孩子问的问题你不知道答案就回避他。**童趣是这个世界最美的创意。**

我们不但要有足够的耐心回答他们的问题，还要有足够的耐心去帮助他们尝试新事物，更要有足够的耐心去帮助他们从错误中学习。

2. 带着孩子做事

其实，陪伴就两种方式，要么我参与你的事，要么你参与我的事。如果父母想要拓展孩子的思维，也可以带着孩子一起做自己擅长的事，比如爬山、骑自行车、参加马拉松等。在你擅长的领域，你就不会感到枯燥，同时还能让孩子看到你的优势，让他为你而自豪。

除了做擅长的事，我们也可以带着孩子做一些自己必须做的事，比如做家务、参加一些必要的家庭活动等。把孩子带到你的世界，让他了解做父母的不容易，了解生活的规则，他能更尊重父母，也能更好地适应未来的社会。

　　对会陪伴的人来说，陪伴不无聊，反而很享受。我们都从童年来，但长大成人后，就没了童趣，忘了天真，如今孩子为我们抢来了静谧的童趣时光，何乐而不为呢？

陪伴不是控制，教育不是拿捏

在所有的陪伴中，"僵尸陪伴"还不是最差的，有一种陪最"费孩子"，这种陪，就是控制：陪孩子做作业，孩子态度不认真就训他；陪孩子锻炼，孩子完不成任务就骂他；陪孩子参加活动，出主意，给意见，各种唠叨……这不是陪，而是绑架。

孩子不是我们的附属品，他有自己的人生。别看他小，他的心可以装下整个宇宙，他的思维可以踏遍万水千山，我们不该用自己的见识把孩子框进一个我们以为很好的地盘里。

江江是一个特别淘气的孩子，上一年级时，因为注意力不集中、没按时完成作业被老师批评过。妈妈很重视教育，怕孩子贪玩上瘾，跟不上，就每天钉着他写作业。只要妈妈不注意，他就会玩起来。而且每次妈妈检查作业，都能发现很多错误。妈妈越发不敢撒手，每天都要给他检查作业。为了让江江认真学习，妈妈在寒暑假都不敢放松，让他每天坚持做各种练习。

　　为了让江江全面发展，妈妈还给他报了兴趣班。江江很喜欢运动，可妈妈怕他玩疯了，只给他报了绘画班、钢琴班。江江为此和妈妈大闹一场，妈妈不得不妥协，又给他报了足球班，前提是，江江得上完钢琴课，才能去玩足球。

　　妈妈的陪伴不可谓不充足，她的生活里几乎没其他事；但她的管束也不可谓不严厉，一点儿做不到都不行。但这样陪伴的效果并不好，每天母子俩不是上演侦探与间谍的戏码，就是玩猫和老鼠的游戏。在江江的房间里，不是妈妈的怒吼声，就是江江的反抗声。

　　有人劝江江妈妈应该学会放手，可江江妈妈说："每个孩子都不一样。别人的孩子，放手后能自律；这个孩子，我若放手，他就出溜了。"

这是不是非常经典的家庭教育场景：父母为了孩子劳心劳力，孩子为了自由奋起反抗，生生地把亲密的亲子关系变成了有你没我的"敌我双方"。

为了让孩子听话，我们苦口婆心过，"等你长大了就知道了，我这都是为你好啊"；也上演过苦情戏码，"我舍不得吃穿，拿钱给你报兴趣班；我放弃了玩，天天陪着你到处去学习"；还用过激将法，"你看那谁家的××，为什么每次都能做得那么好"；等等。

一招出来，可能在短时间内奏效，用上两次，就成了废招。再想一招，可依然坚持不了几天，孩子又原形毕露，还得重敲锣鼓另开张。你永远都想不到，和自己最亲密的孩子，也得要斗智斗勇，人生真是不易啊！

有人认为，孩子需要自律，应该让孩子自己学会按时完成作业。可有些人认为孩子自控能力差，不教育就是放纵。针对这个问题，怎么办呢？我建议从以下两点入手。

1. 该干预的时候干预

在孩子年龄小的时候，或者说没有自控能力的时候，是需要父母干预的。但干预不是全程盯着孩子，成为孩子的拐棍，因为这样孩子一离开你，就很可能会变得自由散漫。

我们可以采取一些小技巧，比如奖励、惩罚。提前和孩子约定好：若能够按时完成作业，可以给予一些小奖励，多一点儿玩耍的时间；若没有完成作业，就要接受小惩罚，减少看电视或其他娱乐的时间。

和孩子做这个约定时要注意：首先，和孩子一起做，表示父母尊重孩子；另外，在孩子喜好的地方奖励、惩罚，对他的驱动力更大。其次，父母一定要说话算数。父母说话算数，孩子会更守诺言。最后，在孩子完成事情的过程中，父母不要做任何干预。**让结果说话，对孩子的效用最大。**

另外，不要给孩子制定太大的目标，让孩子觉得难以完成。以写作业为例，要根据孩子的年龄段留作业量，让孩子只要努力一小点儿，就可以迈进一大步，他才愿意遵守你们之间的约定。

2. 大多数时候做旁观者

当陪伴在孩子身边时，我们确实更容易观察到孩子的错误和不足。此时，一定要摆正自己的位置，我们就是一个观察者，而不是控制者，所以千万不要随意评判和指导孩子。

随意评判可能会打击孩子的自信心和积极性，让他们感到沮丧和失望，甚至产生自我怀疑。而随意指导可能会阻碍孩子的自我探索和学习，让孩子失去独立思考和解决问题的能力。

正确的做法是，给予孩子足够的机会，让他自己去尝试、去犯错误，并从中学习。做到这一点很容易，忍住就行了。让现实教育孩子，比你苦口婆心地讲道理管用得多。

我们总以为自己是成年人，有着丰富的人生经验，但在教育孩子上，千万不要自以为是，我们要学会清空自己。当你放手让孩子试错，你才会发现，孩子不是不能自律，不是没有独立思考能力和自学能力，只不过他被你的控制干扰，全部注意力都用来攻击你，没有时间去发展自己的潜力了。

过于紧张的父母，要记住两点：紧睁眼，慢张嘴，多看孩子，清空自己。我们得看到孩子的喜好，看透他的想法。同时，少干预，不控制，给孩子足够的自由，用适当的方法帮孩子学会自律。

父母要注意自己的角色定位

作为父母，陪孩子时还要注意自己的角色定位。该靠前的时候，应该以身作则，让孩子看到规矩和边界；该靠后的时候，还要懂得隐身，给孩子自我探索、自我成长的空间。

可现实生活中，我们却经常看到这样的场景：

有一对父母带着5岁的孩子去别人家做客，父母看起来很懂礼，带了不少礼物。主人在表达感谢之后，说家里有老人，希望说话时能小声一点儿。父母对孩子说："不要吵嚷啊！"然后就和主人坐在沙发上唠嗑。父母都是大嗓门，唠着唠着声音就大了。

孩子牢记着主人的叮嘱，听到父母的声音大了，就扯了扯妈妈的衣袖。妈妈很不耐烦，推开孩子说："去去，一边玩去。"孩子扯了两三次，父母都没有理他，继续唠嗑。孩子知道老人在南边卧室，看到卧室门敞着，就走过去想关门，但其实这是特意敞开通风的，门底下有挡板。他关了一下没有关上，发现下面有挡板，就撅着屁股去弄挡板。

由于他个头太小，挡板卡得很死，他发现横着推推不开，就打算竖着推，再用力时，就发出了"吭哧吭哧"的声音。妈妈听到了，大声训斥道："干吗呢？你跑到那里搞啥破坏呢？"孩子被吓了一跳，很委屈地看着妈妈说："我想关门。"妈妈过来，不由分说就斥责道："关什么门？没看见奶奶要通风吗？"孩子"哇"的一声哭了起来。

这时候，卧室里满头白发的老人颤巍巍地走出来，她摸着孩子的头，问道："你为什么要关门呢？"孩子边哭边说："我怕爸爸妈妈吵到奶奶。"

世界好像在某一刻颠倒了，明明长大成人的是父母，懂事的却是孩子。难怪孩子被称为天使。但再美的天使也容易被长期的错误言行熏坏。如果我们想要培养一个懂事的孩子，想要正确地给孩子立规矩，就先要身体力行，做好示范。孩子天生就是模仿者，他们的行为举止往往受到父母的影响。

另外，案例中的孩子两次去推挡板，其实就是一个小小的探索过程。开始时，他想要父母小声点儿，但父母根本就没理他。所以，关门时，他也知道父母不会帮忙，只能凭借自己的力量去完成。但这件事还是被母亲给打断了。

这个案例里，正确的孩子遭遇了错误的教育。但在生活中，孩子是有样学样的。父母做得不到位，孩子很可能就会走错位。所以，我们一定要注意以下几点。

1. 少说多做，用行动进行示范

大多数父母都喜欢碎碎念，这是错误的教育方法。孩子都有逆反心理，如果我们只是口头说教，要求孩子必须怎样、不能怎样，孩子可能就会左耳朵听右耳朵冒，完全不理会你的说辞。但如果你认真做事，也会潜移默化地影响到孩子。

比如，在餐桌上，你轻拿轻放盘子，不发出一点儿声音，然后轻声细语地告诉孩子应该注意哪些餐桌礼仪，孩子就会很认真地听，很认真地去做。外出就餐，点餐时不过量，用餐时不浪费粮食。这时候，哪怕你不说，孩子也会注意到，愿意学习你。

如果你经常听孩子的声音，你会听到他们对父母的各种描述：爸爸打呼噜，妈妈抹口红；爸爸说话不算数，妈妈人狠话不多；爸爸一喝酒就喜欢抱着孩子亲，妈妈一唠嗑就喜欢夸耀孩子的好……

孩子的眼睛是雪亮的，我们做了什么，甚至有些时候我们在想什么，可能都难以逃脱他们的眼睛。我们总是以为他们年纪小，看不到，听不懂。殊不知，我们做错了的事情，天长日久，可能会在他们身上产生阴暗的影子。所以，作为父母，我们首先该约束的不是孩子，而是自己。

大多数父母都喜欢做教导、督查，我们可以试着换位，让孩子做父母的督查，父母做孩子的引路先锋。

2. 让孩子自己去探索

我们可能都遇到过这样的事：还没有料理台高的小女孩，就张罗着要给父母做饭；连洗衣机按钮都按不动的小豆丁，却总是想着要给全家人洗衣服。他们哪里会做事，不是磕磕绊绊，就是手忙脚乱。要是在厨房，就会到处"播种"；要是在卫生间，就会水漫金山。一兜的米粮，一身的水；脸上是面粉，脚上是肥皂泡。自己忙成了陀螺，把家也拆得不像样。每当这时，做父母的往往会火冒三丈，严厉地训斥孩子。

但父母千万不要简单地把孩子的这些行为看作捣乱，孩子的好奇心胜于成年人，他这是在探索。探索是孩子学习的主要手段。孩子一动手，很多父母就会去制止，这样你可能阻止了孩子的一场破坏，但也阻止了孩子的一次成长。

而且，在孩子探索的时候，父母阻止，孩子大多数时候会反抗，你越阻止，他就越好奇，越想去做。如果你只想采取强制措施，那么你们之间一定会剑拔弩张。你太强硬，他虽然表面不敢反抗，但心里一定会不满。

所以，我们说，教育宜疏不宜堵。当孩子探索的时候，我们要能忍得住，给孩子一定的探索空间，但也要保证他的安全。我们可以站在旁边，也可以在适当的时候给予指导，但尽量少说话，尽量隐身。

当然，如果孩子愿意，你可以给他做帮手，这样，就可以自然地给他建议。他做了你的小领导，你再给建议，他会非常乐意接受。

最好的教育，一定是顺势而为；最好的陪伴，一定是退能静静地隐身，进能做到最好。

陪孩子一起玩，
发掘他的潜能

　　玩，是孩子主动地探索和学习的方式。通过触摸、尝试、观察、思考，他们不断地从外界获取信息，丰富自己的认知。父母陪孩子玩，不但可以培养亲密的亲子关系，还可以引导教育，因为玩里藏着孩子的兴趣、才能和潜力。父母顺势发掘，让孩子找到擅长的事，并升级它，成为独有的价值。

玩是孩子的主动探索，藏着兴趣和能力

当孩子对家长说："爸爸妈妈，陪我玩玩吧！"很多家长都会感到厌烦，甚至说出"玩玩玩，就知道玩，你就不能干点儿正事吗""去去去，去找你朋友玩"之类的话。

我们总是嫌弃孩子贪玩，要么觉得他太淘气，上蹿下跳没个安静的时候；要么觉得他太松懈，除了玩还是玩，从来不会主动去学习；要么觉得孩子的玩太无趣，他只是蹲着看蚂蚁，或者毫无意义地来回跑动；要么觉得孩子的玩法太折腾，上树爬墙追兔子，自己累了一天，真没精力陪他折腾……反正很难正视孩子的玩，总以为玩就是玩物丧志。

我们之所以会否定玩，除了传统教育告诉我们"业精于勤，

荒于嬉"之外，就是成年人过于规范的生活方式给了我们一种错误的认知。在成年人看来，玩会消耗大量的能量，小孩子玩还没有目标、重点，就是在浪费时间。成年人在经历过生活的毒打之后，已经学会了有计划地做事，懂得做有价值的事才最划算。

但你知道吗？玩，其实就是孩子的正事，就是最优价值的教育。因为玩，是孩子探索世界的方法。每一个新奇的玩具，每一次新的游戏，都可能引发他们的探索欲望，激发他们的创新精神。

就以法布尔为例，他童年时家里很穷，他不得不跟着妈妈去劳动。有一天，妈妈在地里劳作，让他把鸭子赶到池塘里，看着鸭子觅食。小孩子是闲不住的，他一边看鸭子，一边翻着草丛，看到蚂蚁就用草棍逗蚂蚁玩，看到蜻蜓就追着蜻蜓跑一会儿。妈妈看到了，就喊道："不要跑远了，看好鸭子。"他就又跑回来，捡石子垒水库。他发现池塘边居然有很多美丽的石子，有的颜色漂亮，有的形状好看。法布尔玩得不亦乐乎，也就是在那个时候，他培养出了对昆虫的热爱。后来，法布尔不但写出了著名的《昆虫记》，还在生物学、数学和解剖学方面做出了卓越的贡献。

著名的儿童心理学家让·皮亚杰认为，玩可以帮助孩子提高对世界的认知。孩子的学习，不只是在课堂上，他的眼、耳、鼻、舌、身、意开动的地方，都是学习的地方。每个人最后会成为什么人，会取得什么样的成就，大多取决于他们之前眼、耳、鼻、舌、身、意都经历了什么。所以陪孩子玩是父母发掘孩子潜能的最佳时机。

那么，怎么陪孩子玩呢？

1. 要参与，但不要控制

参与很好理解，就是不旁观，认真地和孩子一起玩。这样做可以获得孩子的信任，让孩子感受到温暖，建立起安全感。当孩子感受到父母的陪伴和关注时，双方就能建立起更紧密的关系。

但一些父母一旦参与到孩子的游戏中，就忍不住控制孩子。孩子想玩泥巴，父母嫌脏，不让孩子玩；孩子单纯地想疯跑，父母觉得没有意义，一定要按住孩子，让其玩对学习有帮助的游戏；孩子正玩到兴头上，父母就在旁边唠叨着他刚才哪里做错了，他应该怎么做，不要怎么做……本来孩子兴致勃勃的，最后却玩得灰心丧气。

我们应该有放松的
姿态。童年多么美好，
任何时候，世界都会有
单纯的美丽，不要凡事
都去考虑一个目的，不

要随时都要抓一个重点，就单纯地去享受，不好吗？何必给自己
套上枷锁，给孩子建造囚牢，让彼此都不痛快呢？

把生活的烦恼统统抛开，把教育的任务从肩上卸下来，不带
目的，单纯陪着孩子痛快地玩，玩得淋漓尽致，让孩子快乐。

这样说，可能有父母会反驳："如今的家长哪个不重视对孩
子的教育？我们的家庭条件已经让孩子输在起跑线上了，难道还
不应该抓紧点儿吗？"好吧，那么，请您看第二点。

2. 去观察、引导，不要诱导

凡事都有因果。法布尔从小就表现出了对昆虫的热爱，所以
长大后写出了传世著作《昆虫记》。如果你一定要给自己安排一
个教育任务，那么，你一定要注意观察孩子的表现，看看他到底
喜欢什么类型的游戏，在哪方面有天赋。

这时候你可以引导，但不要诱导。什么叫引导？就是比如孩

子喜欢拆玩具，在卡壳的时候，你可以给予适当的帮助，但不要过多，给孩子思考的时间。什么叫诱导？就是本来孩子只是喜欢拆玩具，但你一定要给他增加机械类的课程。或者孩子本来喜欢拆玩具，你非得要他玩围棋，就因为大家都说围棋能锻炼孩子的思维能力。这不是优势教育，而是逆势教育。

孩子喜欢拆东西，在大多数情况下说明孩子可能真的对机械感兴趣，但父母千万不要急于求成，一下子给孩子提高难度，否则可能会让他对本来喜欢的东西心生厌恶，耽误孩子的成长。正确的做法是，当孩子有疑问时，你可以挑选适合的书给孩子，让他自己去看书，给他自我学习的机会。

需要注意的是，千万不要让孩子看太难的书。哪怕是成年人，看难的书也会感到头疼呢，更何况小孩子的学习力、专注力都相对较弱，所以一定要循序渐进。当孩子实在没有耐心时，父母可以适当地让他看到自己的成就，增强他的信心，让他愿意继续探索。

总之，放松才是陪孩子玩的最佳方式。父母要在玩耍中去挖掘孩子的潜能，引导、教育孩子。

多安排游戏种类，看孩子到底是什么"料"

每个孩子都是独特的，他们有的活泼如夏日的阳光，有的沉静如秋日的湖水；有的聪明伶俐，有的善良纯真；有的渴望成为宇航员，有的梦想成为白衣天使……

我们一定要相信：上天安排孩子来到人间，一定有其价值所在。所以哪怕孩子看起来普普通通，哪怕孩子玩得傻乎乎，也不要否定他。

都说会玩的孩子才聪明，其实这句话应该有一个前提——会玩的父母才会教育。要陪孩子玩，发现孩子到底是什么"料"，我们首先得多会几种游戏。

有位父亲非常渴望孩子长大能功成名就。但他发现孩子没有什么远大的志向，也就放弃了幻想，经常带着孩子上山下田。他浇地时，孩子就玩水；他耕耘时，孩子就挖蚯蚓。

有一天，父子俩坐在地头，孩子觉得实在太无聊了，就问爸爸会玩什么。爸爸想了想，折了几根树枝，和孩子玩起五虎来。五虎是一种民间形成的棋类对战游戏，类似于五子棋，但有自己独特的规则。

孩子玩上瘾了，每天都央求爸爸和自己玩。这位爸爸自己就是个玩五虎的高手，每天都能教给孩子一些巧妙的招数，孩子甘之如饴。爸爸忙的时候，孩子就自己和自己对弈。爸爸看到孩子如此喜欢棋类，重新燃起了希望，将孩子送去了围棋班。不知道是小镇上的围棋老师过于严厉，还是孩子根本就不喜欢玩围棋，孩子总是逃课。没办法，爸爸又放弃了让孩子学围棋。

孩子重新被"放飞"，一天又一天地悠哉地玩着。父子俩依然喜欢在地头玩五虎。一天，爸爸在下棋时随口说了一句"这招叫声东击西"。孩子问什么是声东击西，爸爸简单解释了一下，并且说："你要是想琢磨这招，我给你买本《孙子兵法》，你自己去看。"后来，爸爸果然给孩子买了一本《孙子兵法》，没有老师教，但孩子读得津津有味，然后就在山野中，对着树木排兵布阵。爸爸看到后连连点头。

有一天，孩子看了一部武侠电视剧，他非常喜欢那部剧里大侠的潇洒快意，就给自己做了一套侠客服。没有布料，就扯了化肥袋子做衣服；没有头巾，就用红色的塑料袋代替；没有宝剑，就捡粗树枝自己去削。之后，他穿上自己制作的服装，背上宝剑，在村子里穿行。爸爸也不阻止，反而觉得很有意思。

之后，孩子按部就班地上学，他的成绩不算特别好，但考大学足够。大学期间，他就开始做生意。他做过线下实体，卖过冰激凌；也会做线上内容，公众号兴起时运营公众号，抖音出现时又开始做抖音视频。很快，他就积累了第一桶金。后来，他发现自己最擅长的是做商业培训课，如今已经做得风生水起。

这不是哪个企业家的故事，这就是一个普通人的成长故事。你会不会觉得这位爸爸这样做有点儿放任？

这世界真的很奇怪，有时候反而是不懂教育的人更善于教育孩子。家庭教育普及是最近几十年的事情，但我们发现，父母越来越重视，孩子却越来越不好教，为什么？不是孩子越来越娇嫩，而可能是父母越走越偏了。我们把教育目的定得太死，把教育功能看得太重了。

这个故事给我们的最大启示就是：**允许孩子普通，让孩子玩得尽兴**。故事中的爸爸也望子成龙，但他从来不把自己的期望强加给孩子，他能经常陪孩子玩游戏，愿意发现孩子的兴趣点并进行培养，这太难得了。他做了两件最重要的事：不强求，补能量。如果发现自己看错了，他就立刻改变，绝不强求，只是随时在孩子感兴趣的地方给孩子补能量。这才是正确的教育，这才是最好的陪伴。

这个故事还给我们另一个启示：父母要多安排游戏种类，给孩子发展兴趣的空间。而且让孩子什么好玩的都玩一玩，也能让他拓展视野，增长认知。

这里为大家介绍一些游戏的种类。

1. 经验类游戏

经验类游戏是一种通过亲身经历和体验来获取知识和技能的游戏。在这种游戏中，孩子必须打开他的眼、耳、鼻、舌、身、意，去看、去听、去嗅、去尝、去感受、去思考。比如，上述故事中的爸爸带着孩子去田野，虽然他没有要求孩子学什么，但孩子看到了很多，听到了很多，也感受到了很多，他自然会在这个过程中积累很多认知。

即使是在家中，我们也可以做这类游戏。比如，小一点儿的孩子，我们可以让他认识物品，说说颜色、形状等。大一点儿的孩子，我们可以让孩子观察小苏打和醋混合在一起会有什么变化；可以带着孩子一起制作彩虹雨；也可以带孩子一起听音乐或弹奏乐器，让他感受音符的跳动；等等。

这类游戏可以提高孩子的观察力和认知能力。善于观察、感受的孩子，心思细腻，思维敏锐，他们将来可能会成为艺术家，也可能擅长做心理咨询，还可能做科学调研。

2. 想象类游戏

这是一种能够激发孩子创造力和想象力的游戏。例如，我们可以和孩子玩角色扮演、故事创作、绘画等游戏。

玩角色扮演，将虚拟的情境和角色演绎出来，可以帮助孩子更好地理解和表达复杂的情感。同时进行故事创作，也能提高孩子的想象力和创造力。可以在演绎故事的过程中编织情节，也可以在故事结束后把最有意思的一幕画下来。这样既能扩大想象空间，又能丰富想象细节，有助于培养孩子的艺术才能和表达能力。

善于想象的孩子，将来很可能会从事文学艺术创作类的工作，如设计师、画家等。

3. 模仿类游戏

模仿类游戏是孩子们非常喜欢的一种游戏方式。其实，平时我们就会通过模仿某个人的动作、声音等，来复述生活中发生的事。孩子的成长，本身就是一场模仿之旅，所以，每个孩子多多少少都会一些模仿技巧。模仿最考验人的观察力，也最锻炼人的记忆力。

和孩子一起模仿电视剧里的某个人物，或者模仿一种动物的叫声，这都是非常有意思的游戏。在模仿中，允许孩子自己做夸大表演，会更增加孩子的兴趣。善于模仿的孩子未来的发展空间也很大，孩子可能会从事艺术表演类的工作。

4. 运动类游戏

这是最常见的游戏类型。比如：可能孩子还在襁褓的时候，我们就跟他玩躲猫猫了；他稍微长大一点儿，又开始穿扣子、抓珠子，这些能提高他的手眼的灵活度；再大一点儿，他就要进行跑步、跳绳、球类等专项运动了，同时附加你追我赶的竞技类游戏，这些能提高他的参与兴趣。有些大型团体运动项目还能培养孩子的团队合作意识和竞争意识。

擅长运动的孩子将来不一定非要做运动员，但运动不但可以提高孩子的身体素质，还可以促进孩子大脑的发育和认知能力的提升。所以，父母可以多安排这类游戏。

5. 益智类游戏

重视教育的家庭可能都会玩益智类游戏，比如拼图、数独、成语接龙、棋类游戏等。这些游戏能够提高孩子的逻辑思维能力和解决问题的能力，同时也能培养孩子的注意力和耐心。

陪孩子玩这类游戏，我们可以和孩子对决，也可以和孩子一起解决问题，怎么有意思怎么来，花样越多越好。

尽管本节是讲看看孩子到底是什么"料"，但家长在陪孩子玩的过程中，**一定要放平心态，看淡孩子的平淡**。如果孩子的观察力、思考力、专注力、意志力都能得到有效提高，你还愁孩子不能成才吗？

找到孩子的优势，让他的长板更长

　　经历过职场竞争的都知道，我们可以不用事事都表现优秀，只要在某个方面无人能及，就有独特的价值。所以，在陪孩子玩的时候，我们可以在发现孩子的优势时倾斜培养力度。

　　著名的世界级乒乓球运动员马龙在 2012 年世界杯中获得首个世界单打冠军，并在 2016 年实现了个人男单大满贯。然而，他学习乒乓球纯属偶然。小时候，他身体较弱，父亲为了让他强身健体，才让他学习乒乓球。没想到这一学就一发不可收。

　　他的家乡在辽宁鞍山，我们都知道，那里是"国球名城"，出过很多优秀的乒乓球运动员。那里的乒乓球运动氛围自然也很好，马龙有很多机会和人对战。上小学二年级时，他就开始参加比赛，积累了丰富的竞赛经验。1999 年，他进入省队，2001 年到北京，2003 年进入国家队，从此开始了传奇的人生。

很多功成名就的人都是因为在某个方向上表现突出，从小就专攻某个方向，通过不断的比赛训练，增强长板，从而走向不凡。所谓"术业有专攻"，说的就是这个意思。但不是所有人都适宜用这种方式，所以，当我们选择这个方法时，一定要注意以下几点。

1. 明确什么是优势游戏

优势游戏并不难理解，就是指孩子在游戏中表现出极大的兴趣，而且拥有一定的高技能。例如，有些孩子可能对文字游戏情有独钟，而有些孩子则可能热衷于体育活动。

但在过去成功的案例里，也不乏这样的：要么是周围正好有人学，要么就是看到学某项技能能赚钱，父母就让孩子学习这个技能。孩子开始没有任何优秀之处，只是通过勤学苦练才终于成才。

这就导致一些父母根本不去看孩子到底是什么"料"，随手就给孩子安排人生。比如，自己喜欢钢琴，就想让孩子成为钢琴家，逼着孩子勤学苦练，不断考级；看到影视剧演员收入高，就让孩子去学习表演。

我们不能否认，有一部分孩子受得了苦，有耐心持续学习，也善于总结、思考，哪怕起步表现得不出色，也终能峰回路转，功成名就。但也有的孩子实在不擅长，十分的努力得不到一两分的回报，吃了苦中苦后，还是苦，看不到尽头，这样的孩子越学就会越茫然。

我们根本就不知道我们的孩子到底属于哪一类，一味做专项培训，等于是做赌徒，从小将孩子限定在一个很窄的赛道上，一旦发现孩子不是这块料，不但会浪费我们的全部心血，还会毁掉孩子的一生。

所以，如果孩子根本就不擅长某个技能，那我们就算有再高的期望，也要将其抛之脑后。

2. 带孩子适当参加比赛

当孩子在某项技能中表现出优势时，我们可以带孩子参加比赛。参加比赛能有效激发孩子的竞争意识，孩子为了获胜，

会主动刻苦学习，提高技能。但一定要注意以下几个问题。

（1）增强孩子竞争的心理素质

面对比赛，尤其是大型竞赛时，孩子可能会有压力。这时候，父母可以告诉孩子有压力是正常现象，并教孩子一些减轻压力的小方法，如深呼吸，帮助孩子缓解紧张情绪，保持冷静和专注。

另外，我们还可以通过模拟比赛场景来帮助孩子应对压力。在模拟比赛中，我们可以设置一些障碍和挑战，让孩子逐渐适应比赛的氛围和节奏。这样可以帮助孩子在正式比赛中更加从容和自信地应对压力，增强应战的心理素质。

（2）让孩子正确地面对荣誉

我们要让孩子学会珍惜荣誉，不骄傲自满。我们可以带孩子看看更多优秀的人，让他知道，人外有人，天外有天，当下的优

秀只是相对过去的自己而言。当孩子有更高的目标时，就能保持谦逊和努力，继续追求更好的成就。

（3）让孩子冷静地看待失败

凡是比赛，不是面对成功，就是面对失败。所以，我们不但要让孩子正确地面对荣誉，还要让孩子冷静地面对失败。再擅长的技能，也有技不如人的时候。武侠小说里的江湖高手还有一时失手的时候，何况孩子这种在成长中的嫩角色。挫折和失败是每个人都要面对的事情，没什么大不了的。

但同时还要帮助孩子学会总结、复盘，让孩子看到自己在哪里出了问题，应该如何解决，让孩子在之后的训练中专注于解决问题、提高技能。

其实，我们可以多给孩子看一些优秀运动员的成长记录，看看他们是如何面对成功、失败的，是如何进行复盘的，又是如何坚持不懈地努力的。这些优秀人物的事迹能激励孩子不断向上，让孩子主动提升自己。

（4）帮孩子看好对手，看清自我

如果孩子表现得很优秀，那可以试着在可接受的范围内，给孩子增加一些比赛。因为比赛也是检验孩子技能水平的机会，通过比赛，孩子可以快速了解自己的实力水平，明确自己的发展方向。

在比赛中，孩子可能会遇到各种各样的对手，每个对手的技能特征、擅长手法、心理素质等都不同。我们可以和孩子一起研究这些对手，同时，让孩子反观自我，看到自己的优势和不足，从而在训练中更有针对性地提高自己的技能和水平。

（5）培养孩子的团队意识

我们要带孩子多参加一些团队比赛，让大家共同为胜利而努力，这有助于培养他的团队意识和协作精神。

参加比赛本身就有很多正向意义，所以，哪怕孩子表现得并不突出，但也能在某个领域掌握一定的技巧，一边比赛一边成长。只不过，不要强迫孩子，不要太早给孩子定位，不要窄向发展。

比赛，是让孩子在竞争中成长，而不是在对比中沮丧。所以，一定要找到孩子的优势，确定他会获得认可，增强成就感，提高自我价值感和自信心。

孩子心里有想做成的事时最自律

所有的孩子都有自己的小心思，每个人在童年时期至少都有一两件想完成的事。这些事可大可小，可以广而告之，也可以藏在内心最深处。

想想未成年时的我们，是不是也有巴望着要成为什么的时候？一旦我们有了最想做成的事，不管是大还是小，我们就有了目标，有了动力。没人催我们，没人管也没人教，我们也可能会变得更加自律，做事认真，主动学习，愿意承担。就算是一个脆弱的娃娃，在有了一件想要做成的事之后，也能活得像钢铁侠一样。

有个小女孩，在过 5 岁生日时，一个阿姨送了她一只小兔子。她特别喜欢，经常抱着小兔子玩，给小兔子讲故事，为小兔子打扮，给小兔子清理兔舍。可小兔子太娇嫩了，不久后就生病死了。小女孩难过极了，连着两天都不愿意吃饭。

妈妈是美术老师，就画了一张兔子进广寒宫的画，告诉女孩："小兔子去陪伴嫦娥了，它其实很想念你，很想看看你过得怎么样。你能给小兔子写写信或者画几幅画吗？告诉它你现在过得怎么样。这样到月圆的时候，我们就可以将书信、画作摆在阳台上，小兔子就能看到了。"

女孩听到后，开始给小兔子写信，她认字不多，不会写了，就去问妈妈，妈妈教了她拼音，让她去查字典。会查字典后，她只要有事想告诉小兔子，就会趴在桌子上写信。有一天，她出去玩，回来已经非常疲惫了，但睡觉之前，还是坚持着给小兔子写了一封信，告诉小兔子自己去了哪里，看到了什么。

有时候，小女孩也会画画。妈妈看到后，问小女孩是否愿意让她帮忙，小女孩摇头说："你不懂我要说什么。"妈妈说："但我可以告诉你怎么用画笔表达。"小女孩觉得妈妈说得对，当画不好时，就会去问妈妈。

到月圆夜时，妈妈在阳台上放了一张小桌子，女孩将书信和画作都摆在桌子上，她看着月亮，和小兔子打了招呼，就翻着自己的作品，一点点讲给小兔子听。月光特别美，小女孩的遗憾也终于散了。

很多人看完这个故事的第一反应是：那之后呢？小女孩还会不会继续写信，继续画画？如果你也是这样想，那你又产生功利心了。虽然提高教育能力本身就带着功利性，但要想好好陪孩子，我们一定要记住：顺势而为。小孩子以后不继续给小兔子写信又怎么样呢？在这件事中，我们已经看到了她的自律、独立和学习能力，而且她学会了查字典，学会了写信和用绘画表达。

任何孩子，只要他心里有想要做成的事，一定会自主发展能力。或者我们可以这样表达：任何孩子都具有自律能力、学习能力，甚至能自主发掘专长，只不过大多数孩子没有遇到触发点。那么，怎么去触发孩子的自主能力呢？可以从以下几点着手。

1. 专看孩子最想做的事

每个孩子都有自己最想做的事。其实所有的想做，最终只会有两种结果。一种是孩子试着做了一下，觉得不过尔尔，索然无味，以后再也不会关心这件事。另一种是孩子感觉非常美好，愿意继续做，而继续做可能就要触发很多条件，解锁很多能力。就像是过关游戏一样，为了过关，孩子自然会主动去解锁需要的能力。

我们想要让孩子自觉，不就是要让孩子主动去解锁能力吗？既然做他想做的事能发展这种能力，我们何乐而不为呢？

当然，在放手让孩子去做之前，我们也需要与孩子进行充分的沟通和交流，了解他们的想法和需求，为他们提供必要的支持和指导，使他们更有信心，也能动力十足。

需要注意的是，对于孩子想要做的这件事，我们首先要确定它是安全、健康的，不触犯法律、违背道德的，才可以放手让孩子去做。另外，我们可以放权，但不要不管，一定要陪着他们，避免任何潜在的风险和伤害。

2.越是大事，孩子越想挑战

大多数小孩子都想当大人，在他们的眼里，大人就是权威，大人就有自由，大人就有能力，所以，他们想成为大人，想做大事。然而，他们大多不能正确地衡量自己的能力，看不清自己能否承担。这时候要不要让他们做？答案当然是肯定的。因为只有做了，他们才能更加了解自己。

有个9岁的小男孩，因为总做错事，整天被爸爸训。他爷爷很喜欢他，常给他做挡箭牌。后来，他每次做错事，都跑到爷爷家避难。他在日记中写道：当爸爸真好，可以训人，不用被人训。他爸爸看到后，就问他："你想当爸爸吗？"孩子点头，爸爸说："那我就给你一天当爸爸的权利。"父子俩约定周末换一天身份，爸爸当儿子，儿子当爸爸。

第二天，儿子早早就起床，威风地在房间里走着。可爸爸却一直赖在床上不起来。儿子就走到爸爸床边，狠狠训斥他一顿。爸爸好不容易起床了，又不专心吃饭，跑去看电视。儿子又训了爸爸一顿。好不容易吃完饭，爸爸又去逗鹦鹉，他忘了关笼子门，两只鹦鹉都飞了出来。幸亏门和窗子都关着，父子俩折腾了一上午，打碎了两个茶杯，才抓住鹦鹉。

到中午时，儿子已经累瘫了，说什么都不当爸爸了。打那以后，他就能体谅爸爸了，也很少再胡闹。

教育要抓技巧，找到了窍门，根本不需要苦口婆心，也不用费尽心机，孩子自己就把自己教育了。

谁说上树爬墙的孩子没出息

教育最怕的就是"我以为"。

有多少父母的"我以为"成了一生的错？父母以为约束就是教育，结果养出了叛逆的孩子；父母以为为孩子铺好路就是爱孩子，结果养大的孩子不能自理；父母以为给孩子赚更多的钱就是对孩子好，结果家庭富了，孩子的心凉了。

我们有太多的自以为是，这种自以为是会让本来快乐的孩子变得不快乐。

如今，孩子尚未出生，父母就已经开始胎教。孩

子刚有了名字，就有了各种训练，比如视觉训练、听觉训练、触觉训练，以及前庭觉、本体觉等感统训练。当身边的孩子去上各种兴趣班，你的孩子还在上树爬墙时，你就总会产生"你的孩子比别的孩子落后了几个时代"的感觉。

但真是这样吗？

时代的确不同了，在高科技飞速发展的今天，未来充满了太多未知，做父母的可能对孩子的未来胆战心惊。但既然未来是未知的，我们又怎么能用传统的思维去看待孩子呢？我们的自以为是，通常都来自生活对我们的鞭打，或者来自传统的认知。

如今，不少新兴行业涌出，我们用当下的认知去判断未来，不是狭隘的吗？既然如此，为什么不开阔心胸，让孩子做自己想做的事，发展能力呢？

有些能力，只有在用的时候才知道其价值。

我们经常说的思考力、专注力、创新力等，都只是笼统的概念。在这个巨变的时代，我们最该培养的就是孩子的学习力。这种学习力是超越书本认知的，是一种自我开发的能力。上树爬墙，也是孩子的一种学习，是孩子的一种经历。你永远不会知道，一只蝴蝶扇动着的翅膀，几十年后会对谁造成巨大的影响。所以，还是那句话：放轻松吧，要陪孩子玩，就放松地去玩。

当然，我们也不应该盲目乐观。在孩子喜欢上树爬墙这件

第二章　陪孩子一起玩，发掘他的潜能

事上，我们还有可以挖掘的地方。比如，孩子为什么喜欢上树爬墙？他心里到底想要什么？

有的孩子喜欢爬高，因为爬到高处看得更远。而且身体上带来的超越感，也会在精神上有所体现。他会觉得自己真的很棒、很强，这其实是一种自我强化，是孩子的一种自我肯定。

孩子在找到独特的自我价值后，能更安然地去发展自己的能力。这时候阻止孩子，其实就是否定孩子，就像给太阳高照的世界蒙上一层黑布一样，效果如何，可以自行想象。

有的孩子喜欢爬高，就是想要寻找刺激。他可能更喜欢冒险、喜欢挑战。针对这种孩子，也不要阻止他。你如果实在不愿意让他上树爬墙，可以给他提供其他更安全也更有意思的挑战。只要能满足他的挑战欲望，他就会愿意参加。这类孩子善于应对竞争，敢于挑战自我，是适应力强的孩子。

不管怎么说，教育最怕狭隘，即使孩子做了一件令我们非常难以接受的事，我们也不要直接评断，而是要先弄懂孩子为什么这么做，再对症下药。

第三章

大手小手齐做事，
慢慢让孩子变得强悍

　　大手小手齐做事，就是让孩子和父母共同面对生活，柴、米、油、盐也好，小规划、大工程也罢，两代人一起做事，让孩子在实践中学会面对问题、解决问题，培养出顽强的毅力、不屈的精神以及卓越的思考能力。

和孩子一起做家务，提高他的生活技能

让孩子做家务，这本是一件稀松平常的事，可为什么有那么多父母做不到呢？

有些父母认为孩子的任务就是学习，他们总是对孩子说："你什么都不要管，好好学习就行了。"在这样的主导思想下，孩子被包上了"保鲜膜"，连自己的被褥都不用叠，逐渐养成了衣来伸手、饭来张口的习惯。

这种教育方式主要集中在上一代人身上。

有个女孩到同学家玩，同学招待她吃早餐，她看到鸡蛋很好奇，就问："这是什么？"同学告诉她："这是鸡蛋。"她很是惊讶："我们家的鸡蛋不长这样。"同学问："你们家的鸡蛋长什么样？"她说："我们家的鸡蛋是白白嫩嫩的。"

原来，每天早晨，这个女孩的妈妈都会把剥好壳的鸡蛋放到她的碗里。她从来没见过带着壳的蛋，自然也不知道怎么吃。直到看到同学在桌子上磕破了鸡蛋壳，露出里面白色的蛋清，她才恍然大悟。

还记得"何不食肉糜"的典故吧？养在深宫里的晋惠帝看到满大街的流民吃不上饭，问了一句："没饭吃，不会吃碎肉粥吗？"真是可笑又可悲啊！

这就是教育的缺失。有些父母保护心太重，连一点儿家务活都舍不得让孩子分担，导致孩子被养成了温室之花，肩不能挑担，手不能提篮，经不起一点儿风雨，受不了一点儿不顺。有些孩子还没有责任心，不懂得承担，一进入社会就被各种"毒打"。

孩子本来就是生活的一分子，过分保护孩子，等于将孩子从生活中直接剥离。父母疼爱孩子的心是可以理解的，但是孩子终将走向社会，终要自食其力，如果我们连一点儿生活技能都不教给他们，他们赖何而生呢？

做家务，看似是一件小事，体现的却是很重要的教育观：父母不能包揽孩子的一切，该让孩子承担的得尽早让他学会承担。

对于耐心不足的家长，如果觉得跟着孩子做事无聊，可以带着孩子做事，这样大手小手齐做事，既培养了亲密的亲子关系，又提高了孩子的生活技能，可谓一举两得。

有些家长可能会说："不就是做家务嘛！给孩子一把笤帚，让他折腾一阵子得了。"这样的态度未免草率。既然是教育，就值得我们多费一些心思，这里为大家提供几个要点。

1. 让孩子先做好自己的事

叠自己的被子、洗自己的衣服、整理自己的房间，这些应该被视为孩子自己的责任。哪怕孩子年纪小，父母可以帮助孩子一起做，但也要告诉孩子："这是你自己的事，我只是在帮助你。"从小将这些事划归为孩子自己的任务，才能培养他的自我管理能力和独立能力。

如果孩子开始做不好，不要批评，可以传授给他一些小技巧，允许他慢慢做好，逐渐养成习惯。

2. 帮助父母做家务

家里的事情，每位家庭成员都有责任承担。像全家大扫除、为鱼缸换水等，所有家庭成员都该参与，尤其是父母，不能缺席，必须以身作则。然而，在有些家庭里，妻子是家务活的主要承担者，丈夫即使人在家中坐，手里也没活，就那么看着妻子忙忙碌碌，自己坐得心安理得。

曾有一个丈夫看到自家的马桶总是很干净，对妻子说："咱家的马桶真好，根本不用清理，每天都那么干净。"妻子瞪着他，反问道："难道你从来没看见过我清理马桶吗？"

像案例中这样，父亲责任心不强，孩子又如何能懂得母亲的辛苦呢？在这种家庭中长大的孩子，不管是组建家庭，还是进入小团体，都更乐于享受别人的成果。但别人不是他的父母，谁会无条件地帮他呢？所以，从小让孩子了解自己的责任非常重要。

当然，孩子毕竟小，给他的家务活要适量，不能太少，也不要太多。我们可以根据孩子的年龄、身体状态、适应能力来分配任务。另外，给孩子分配任务，也要考虑到孩子的喜好。比如：孩子若喜欢动手，可以给他组装小家电的活或者做面点、烘焙等；孩子若喜欢设计、布局，可以让他参与摆放家具、调整房间配色等。

世界无小事，把小事做好，就能成就大事。

3. 让做家务变得有意思

怎么能让家务变得有意思呢？方法有很多。比如：大家可以一边唠嗑一边做家务，这样既完成了亲子沟通，又让孩子分担了家务；也可以以比赛的形式做家务，将家务按任务量分配，看谁做得又快又好，激发孩子做家务的动力；使用奖励机制，当孩子完成某项家务时，就给予他小小的奖励。

和孩子一起做家务，应该是一种生活习惯。让孩子勤动手、多做事，不但他的手脚能变得灵活，其大脑也会发育得更好，还能培养他及时发现问题、解决问题的能力。

全家全年晨跑，小目标，不间断

　　晨跑，是一种简单易行的健身方式。它的好处，任谁都能随口说出几条，比如强身健体，在呼吸早晨新鲜的空气的同时，形成规律的生活习惯。很多时候，带着孩子去晨跑，受益最大的反而是父母。

　　有一对父母都喜欢做美食，一家吃得好却不爱运动，结果身体都不大好：妈妈有高血压，爸爸患轻度脂肪肝，孩子虽然身体不错，但走上一小段路，就会喘上好一会儿。妈妈觉得不能再这样，于是提议全家晨跑。

　　第一次晨跑对于这家人来说真是太难了。妈妈定了起床的闹钟，闹钟响了好几遍，她才勉强爬起来。她起来后，转身又把爸爸揪起来，再去喊儿子。妈妈喊完儿子回来，发现爸爸又鼾声如雷了，气得她又施展了一套"清醒大法"。爸爸是彻底醒了，再回头看儿子，儿子穿了一半的衣服，坐着睡着了，然后又开始叫儿子起床。一家人终于整整齐齐地去跑步了。早上空气清新，很让人陶醉。可还没跑两步，儿子就开始喘上了，赖在地上不想动。爸爸妈妈两人合力，才勉强拉起儿子，一家三口干脆不跑了，在河边漫步，看太阳升起。

当天，爸爸上班睡着了，儿子上课打蔫了。晚上，一家三口有两个人想打退堂鼓。妈妈拿出爸爸的病历本，摔在桌子上，让爸爸看着办。爸爸看着那不大好看的身体数据，一拳头砸在桌子上，说："明天就是下刀子也得去晨跑。"

说着容易做起来难。自从这家人开始了晨跑计划之后，他们家的闹钟就成了第一个受苦的，它要不辞辛苦地一遍又一遍地响铃，还得承受一遍又一遍被人按停的痛苦。到第七天时，闹钟的一只耳朵愣是被爸爸拍掉了。

但妈妈下了决心，一定要让全家养成晨跑的习惯。

一天难，两天难，三天还难，接连不断，难上加难。妈妈一直不松懈，爸爸也不敢松口，儿子就只能跟着坚持。一开始是走几百米，然后是走到更远，慢慢地，大家才跑起来了。

一个月后，全家人养成了早睡早起的习惯，闹钟反而没有多大用处了。还没等执行叫醒任务，一家人已经穿戴整齐出发了。白天再没人打瞌睡了，妈妈的腿瘦了，爸爸的肚腩小了，儿子的身体也强壮了。工作结束后回到家里，爸爸不再躺着了，妈妈也不厌倦了，大家精精神神地说笑，热热闹闹地做事，就连平时最痛苦的写作业时间，也没有那么难了。孩子很乖地坐在座位上，认认真真地写作业，再不拖延。不用爸爸监督，不用妈妈看守，就连考试成绩都提高了不少。

人的精神状态会直接影响他的做事方式和做事能力。精神越是慵懒、散漫，就越容易拖延，难以集中注意力，自然也更容易犯错误。而精气神十足，端端正正地坐着，精精神神地思考，能量充足，精力集中，做事效率自然也高。

晨跑的意义不言而喻，只是有些父母希望孩子能积极参加晨跑，而自己却不愿意参与其中。父母的这种想法是错误的。带孩子晨跑，最重要的就是父母得以身作则，给孩子树立一个好的榜样。除此之外，我们还应该注意以下事项。

1. 不一定只是晨跑

我们是以晨跑为例，但具体到执行，每个家庭可以根据自身的情况选择适合自己的运动项目。例如：早晨可以不跑步，而是做早操；下午在固定时间练习跳绳；晚饭后可以选择健步走；周末则可以全家人一起去爬山或游泳。只要全家参与，有固定的时间，能坚持，都是可行的。

2. 最好是全家参与

为什么要强调全家参与呢？难道父亲带孩子晨跑、母亲带孩子锻炼有问题吗？当然没问题，只要是一方参与，都能带动孩子的积极性，帮助孩子养成习惯。但最好是全家参与。一家人一起做一项活动，有助于增强家庭凝聚力，会更好地帮助孩子建立安全感。

而且，当孩子看到坚持晨练对父母来说也很难，但他们能克服困难进行下去时，孩子也愿意学习父母，认真做事。

3. 设立小目标

既然是全家参与，就要考虑到所有成员的身体承受力，所以开始时千万不要好高骛远，可以先定个小目标。就像案例中的一家人，一开始只是慢走，后来才跑起来。如果目标定得太高，一旦有一个人坚持不下来，那这个小团队就容易散。一旦人心散了，再想让全家一起行动，就很难了。

4. 不间断是精髓

晨跑不难，坚持每天晨跑才难。很多人做不好事，不是能力不行，而是毅力不够。带着孩子晨跑，贵在坚持，这其实是对父母的要求。形成一个习惯需要 21 天，只要父母有足够的耐心并坚持下来，孩子将会受益无穷。他不仅能够养成良好的生活习惯和自律习惯，还能拥有更强的意志力和专注力，从而能够从容应对日后生活和学习中的各种挑战。

陪跑，看上去简单，要坚持下去却很难。父母若能多年如一日地陪跑，未来，孩子凭借这份毅力走向成功的概率就越大。

共同记录生活，会发现，能总结

大多数时候，功成名就虽然耀眼，但可能只是刹那间的辉煌；而平淡如水的日子，却永远不缺乏美丽的细节。和孩子共同记录生活，一起去发现美，能让孩子在细水长流中沉淀品性，成就更好的自己。

阳阳爸爸是一名建筑设计师，经常要到工地上工作。孩子变化很大，见到他表现得也越来越冷漠。有一年，他接到一个城市古建筑的维修工作，为了研究维修方案，他需要去几个古城考察古建筑。他决定带着孩子一起去拍照。阳阳听到可以跟着爸爸一起出去玩，自然高兴。

　　阳阳一开始不大习惯，吃的和家里的不同，人们说话的口音和家乡的也不一样，走到哪里都是陌生的。爸爸看到后，就一边拍照一边给阳阳讲故事：哪个地方有什么人，发生了什么事，有些建筑为什么是圆顶而不是方顶。

　　为了让阳阳有参与感，爸爸给了阳阳一个小相机，让他自己拍照。爸爸还做了一条安全绳拴在两个人身上，避免走散了。有了相机的阳阳一下子就活跃起来，他看到什么都感觉新奇。他拍天空、大地、建筑、人群、街道、美食……玩得不亦乐乎。

　　忙上一阵子，父子俩就会坐下来，分享彼此的照片。爸爸非常会点评，他认真地看儿子拍的照片，每一张都能找到特色，如选景好、构图好、人物很有张力，说得阳阳热血沸腾。其实，阳阳拍的照片没什么技术含量，有时候甚至只取了半个景，但爸爸的鼓励却让他很兴奋。而且爸爸的每一句鼓励，其实都是讲解如何构图、选景，阳阳在夸赞中就学到了拍照的技巧。

父子俩边走边吃，边走边玩，边走边聊，阳阳非常快乐。有时候走累了，他就搂住爸爸的脖子耍赖。这在以前可从没发生过，如今父子俩的关系越来越亲密。

一个月后，爸爸要进入下一步工作，而阳阳也回到了家中。妈妈发现他变化特别大，眼睛变得更有神了，人也变得很沉静，而且更善于发现生活中的美。

有一天放学，妈妈来接他。当时正下着小雨，所有孩子都急着回家。阳阳却忽然拉住妈妈，让妈妈把手机给他，然后，他给妈妈照了一张照片。妈妈看后惊喜不已，他居然利用雨滴和手机的连拍模式，拍出了仙境的感觉。妈妈说："我在颜值巅峰期也没这么美过。"

这之后，阳阳不管是跟着爸爸出去，还是跟着妈妈出去，总是喜欢带上自己的小相机，一边走一边拍，和爸爸妈妈一起欣赏自己拍的照片。

我们总喜欢拿别人家的孩子与自己的孩子做对比，觉得别人家的孩子更优秀。这种对待孩子的态度是错的。其实，所有的孩子都是上天赐予的，即使没有显性的特色，也会有隐性的技能，就看我们是否有发现的眼睛。这里也有几点小建议给大家。

1. 纯粹的生活就是纯粹的美

和孩子一起记录生活，就是一种发现美的手段。拍照是记录，写作是记录，录音也是记录，我们不要拘于某一种形式，也不要带着功利性目的让孩子做事，不强求孩子一定要学出个什么样，只要孩子肯去理解生活、去感受父母，就是最好的成长。

有位妈妈偶尔放雨滴的声音给孩子听，孩子听得特别起劲儿。这位妈妈后来就突发奇想，每天都录各种有趣的声音给孩子听，让孩子去识别。孩子年龄大点儿后，她就带着孩子一起去录声音，如风声、雷声、鸟声、火车驶过的声音、雪化后屋檐滴水的声音……后来，孩子学习编曲，用这些取自自然的声音编乐曲，美妙又好听。

2. 美是对孩子最好的熏陶

带孩子去发现美，有时候比我们啰啰唆唆地教给他一项技能对他更有用。

科技虽然在飞速进步，但人们的生活可能会与原始的美失联。就像没有高楼大厦时，我们离自然那么近，而如今我们很多人却被困在钢筋水泥的世界。

3. 学会复盘和总结

当我们记录的是一件事的发生、发展、高潮和落幕时，我们其实是在让孩子观察、理解事物的发展逻辑；当我们记录的是做事的过程、犯错的经历、纠正的结果时，我们其实是在让孩子复盘和总结。

复盘和总结是一种非常重要的学习方法，它可以帮助孩子回顾过程，发现自己的优势和不足，发现自己使用策略的正误，好的地方继续保持，不好的地方改进提升。这是一个强化完善的过程。所以，不是所有的学习都是在刻板的学习中实现的。经常复盘和总结还会让孩子变得自律，因为看到错误的结果，他自会主动纠正错误的源头。

4. 创造宝贵的家庭记忆

和孩子共同记录生活，可以将家庭中的点滴回忆和美好时光定格在记录中，让记录成为我们与孩子共享回忆的载体。

时光是细碎的，生活是无声的。我们都是生活的作者，可以在自己的时空内，带着孩子记录一件事、一段成长历程。我们留不住仓促的时光，但我们可以留下生活中的那份美好。

再大的工程，只要敢开始、能坚持就是成功

大多数时候，我们都不会让孩子做太大的工程，因为觉得孩子小，没耐性，做事也没有章法，让他一下子担负太大，会影响他的成长。但其实也不是完全没有可能。

有一位妈妈开了一家童书店，由于效益不好，再加上要带孩子，就选择了关门停业。没有卖出去的童书，

她舍不得扔掉，便堆在了书房里，供孩子阅读。

　　每天，妈妈都带着孩子读书。她会选择不同种类的童书，让孩子安排读书的顺序及方式。孩子很喜欢自己做决策的感觉，每次都安排得很好。她有时候喜欢听妈妈讲；有时候喜欢自己读；有时候则完全沉浸在探索中，妈妈就不打扰她。

　　这样读了一年童书后，孩子收获很大。她最大的变化，就是能出口成章，但难免会有词语误用的情况。比如，有一次，爸爸走路不小心被绊了一下，孩子张口就说："看看，马失前蹄了吧？"但大多数时候，孩子用的词语和诗句都很正确。

　　有一天，妈妈又带孩子走进书房，她漫不经心地说："哇，咱们用一年的时间就读了六分之一的书。你说，我们用四年的时间能不能把这一房间的书都读完？"女儿拍着胸脯说："肯定没问题。"妈妈笑着说："那可太好了！"

　　接下来，妈妈并没有下命令，也没有给女儿布置任务，只是每天坚持带女儿进书房读书。对她喜欢的，就多加几本；不大喜欢的，就改变方法。有时候是妈妈录成音频，让孩子边玩边听；有时候是用玩游戏的方式看书。三年半后，母女俩就将一房间的童书都看完了。

看完一房间的图书，就是对成年人来说也是一个巨大的工程。有些人可能几年甚至几十年都读不完一个小书柜里的图书，更何况是一房间的书呢？但这母女俩却完成了这个艰巨的任务。这说明什么？说明世界不复杂，复杂的是我们那颗畏惧难题的心。

在孩子成长的过程中，我们非常有必要带着孩子完成一项大工程。因为这样做，可以提高孩子的耐性、毅力、责任心、自信心，以及发现问题、解决问题的能力。同时，还能让孩子变得更有担当，敢于挑战。即使中间遭遇失败，只要父母引导得当，让孩子重新出发、坚持到底，也能提高孩子的适应能力和抗挫能力。

那么，具体该怎么做呢？这里有几个问题要点，供大家参考。

1. 什么是大工程

所谓大工程，可以是时间上的，也可以是空间上的。时间上的，比如我们前面说的每天晨跑。空间上的，比如用几天或者十几天的时间在山间小溪上搭一座竹木桥。

大工程，可以是精神上的，也可以是身体上的。精神上的，比如用一个假期学完 100 种思维方式。身体上的，比如用一定的时间逛完某个区域。

所谓"大"，是相对于"小"来说的，只要不是一下子就能完成的事情，都可以称之为"大工程"。

2. 要不要为孩子按下开始键

什么意思呢？就是你在带孩子开始一项大工程时，要不要提前和孩子说明，并定下目标。

在前面的案例中，妈妈没有明确给出目标，而是在孩子读了一年书后，在她对读书产生兴趣时，妈妈才随口问是否能用四年来看完剩余的书。此时，妈妈还是没有给孩子布置读书的任务。

这种做法的好处，就是先带孩子干起来，让孩子沉浸其中，发现这件事的妙处，越干越起劲，此时即使是很大的工程，他也不觉得难。而给布置任务，通常会让孩子产生反感心理。

那么，能不能提前说明任务呢？当然也可以。

一个阳光明媚的周末，爸爸带着儿子回到了农村老家。老家的风景让人觉得熟悉而亲切，绿油油的稻田，鸟语花香，一切都充满了生机与活力。儿子兴奋地跑来跑去，探索着这个久违的乐园。

突然，儿子发现了一只小狗，小狗蜷缩在一个破损不堪的狗窝里，看起来有些可怜。儿子心疼地说："爸爸，小狗的窝坏掉了，我们帮它建一个新窝吧！"爸爸看着儿子认真的眼神，微笑着点了点头。

但是，爸爸并没有立刻行动，而是坐下来和儿子认真地谈起了话。他说："儿子，你知道建一个新的狗窝并不是一件容易的事吗？我们需要准备材料，设计结构，还要付出很多时间和努力。你愿意和我一起完成这个任务吗？"

儿子听了爸爸的话，坚定地点了点头。他说："爸爸，我知道这不是件容易的事，但我想帮助小狗，我会努力的！"

于是，爸爸和儿子开始忙碌起来。他们先去附近的集市购买了木材、钉子、布料等材料。然后，爸爸教儿子如何测量、锯木头、钉钉子。虽然过程中遇到了很多困难，但父子俩并没有放弃，他们互相帮助，互相鼓励。

终于，经过两天的努力，一个新的狗窝建成了。小狗高兴地跑进了新窝，在里面打滚、玩耍。儿子看着小狗快乐的样子，也露出了满足的笑容。

提前说明任务也有益处，能让孩子看到完整的事情以及其中的难点。孩子感兴趣的事，通常能激起他的挑战欲望。这种挑战欲望对孩子来说非常重要，越是敢挑战的孩子，未来能探索的空间就越大。而且这种挑战会增强孩子的抗压能力，让孩子在进入社会后适应能力更强。

这里有一个要点，是父母一定要陪着孩子一起完成，成为孩子最强有力的依靠，这样孩子就有信心做事。但记住，是陪着，不是代替，千万不能为孩子没完成的任务收尾。父母可以是做事的主体，但这个工程的每一个环节都不能缺少孩子，这样孩子才懂得承担，才会有责任心，才能学到东西，也才能成长。

3. 如何让孩子坚持到底

孩子在开始做某件事时通常充满了热情，一旦遇到困难或者看不到明显的成果，就会失去信心，甚至半途而废。那么，如何让孩子坚持到底呢？

这里介绍几个小方法。

（1）分解任务

将大任务分解成小任务，让孩子逐步完成。这样可以帮助他建立信心，并看到自己的进步。

（2）教给孩子一些小技巧

当孩子遇到问题时，引导他们思考如何解决，培养他们的解决问题的能力，让他们知道困难是可以克服的。或者直接教给孩子一些小技巧，让孩子快速地解决问题。

（3）奖励和支持

在孩子遇到困难时，给予他们一定的支持，肯定他们的努力和进步，让他们知道自己的付出是有价值的，他们就能坚持下去。

成功的关键在于勇气和毅力，让孩子学会不畏惧困难、持续努力，哪怕事情完成得不够理想，只要坚持到结束，就是胜利。

看到家长也做错，
孩子不再怕做不好

　　有些父母教育孩子时，会有意无意地给孩子传递一种完美主义的观念。比如，总是要求孩子做到最好，一旦做不好，就会批评或者指责孩子。这种教育方式不仅会让孩子产生焦虑，更会让

他们害怕尝试新事物，担心自己会犯错。但当我们和孩子一起做事的时候，我们会发现，就是那些熟能生巧的事情，我们偶尔也会犯错。

有一个很经典的笑话：

奶奶和孙子正在客厅里看电视，厨房里忽然出现了碗碟的碎裂声。祖孙俩都望向厨房。一会儿，孙儿笑着对奶奶说："这肯定是我妈妈打碎了碗。"奶奶问："为什么？"孙儿回答说："因为如果是姐姐或者爸爸打碎的，接下来会有训斥声。"

当我们以挑剔的眼光看待事情时，我们发现的永远都是问题；但当我们以欣赏的眼光看待问题时，我们发现的就永远是美好。

世界上没有完人，人们都会犯错误。比如看错钟表的时间、用错文件格式……我们自己都会犯错，就不要用挑剔的眼光去要求孩子了。

从这个角度说，带着孩子一起做事，不但能培养孩子各种优秀的品质，还能纠正我们多年来养成的坏习惯，让我们能够更加平和地看待孩子的成长。

这里给大家提供几个要点。

1. 不要怕在孩子面前犯错

有些家长不想在孩子面前犯错，即使犯错，也会粉饰太平，因为他们特别看重自己在孩子眼里的权威感。这样，就可以让孩子畏惧他们、崇拜他们，听他们的话。这其实就是一种压制束缚，哪怕孩子愿意听话，两代人的关系也会疏离。

听话就一定好吗？过于听话的孩子，很可能缺乏独立思考和自主行动的能力，这并不利于他们的长期发展和成长。听话的孩子未必有好的未来，如果孩子没有发展出必要的能力，让他们听话，就只是消磨他们成长的意志而已。

我们在某个地方犯错，通常会说明我们在某个方面存在问题。粉饰只会让问题越变越严重。与其遮掩，不如积极暴露问题，然后去解决问题。这样问题就不再是问题，以后我们也就不会再犯同样的错误。

孩子是很聪明的，哪怕你掩饰得很好，他也有可能察觉。如果他看到父母一直在掩饰自己的错误，那他就可能会认为这是正确的行为方式，将来也可能会隐藏自己的错误。这样，我们就给孩子做了一个非常错误的示范。

相反，如果我们敢于在孩子面前暴露自己的错误，这会让孩子看到我们的真实性，从而拉近彼此间的距离。

有个孩子特别喜欢玩电脑，妈妈担心他视力受损，又怕他玩游戏上瘾，就只允许他每天看半小时的电视。这个孩子不看动画，不看连续剧，就喜欢看关于电脑常识的介绍视频。他的妈妈并没有阻止。

有一天，妈妈给同事写一份重要文件，存在了 word 文档里。关机的时候，她按错了键，没有保存，半天的劳动成果都消失了。她急得不行，于是去请教孩子。孩子很高兴地过来帮助妈妈，很快就找回了文档。妈妈赞道："宝贝比妈妈厉害多了！"孩子很骄傲地说："我每天都在认真学，当然会比妈妈厉害。"孩子因此事变得更自信了，对学习电脑常识也更有动力了。

在孩子面前出错，并不是什么不可以接受的大事。如果我们运用得好，还会反向激励孩子。让孩子看到每个人都会犯错，他就不会再畏惧犯错。

2. 不要怕孩子犯错

当我们带着孩子尝试新事物时，不但不要怕暴露自己的短处，也不应该怕孩子犯错。**错误是发现之源，是学习之机。**

有个孩子考了 100 分，很骄傲，妈妈说："你当然很棒，但棒的不是这 100 分，而是你在这些类型的题目上表现很棒。"孩子没有明白是什么意思。下一次，孩子考了 95 分，很沮丧，妈妈说："我非常高兴你没有得满分，因为这场考试反映了你学习中知识体系的薄弱环节。你虽然考了 95 分，但找到了你的学习漏洞，当然值得庆贺。"

这才是正确看待错误的态度。在学习中，真正重要的是掌握和理解知识，而不仅仅是得到高分。在生活中，真正重要的是我们能做什么、善于做什么，而不是得到谁的敬佩、谁的赞美。

如果我们把这种态度传递给孩子，孩子就能正确地对待错误，不会一味地掩盖错误，而愿意去暴露自己的不足。**暴露不足，意味着一直在补自己的短板。**当孩子一点点地把自己的短板都补齐时，他根本不需要粉饰，就可以做到很好。而且暴露短板，不光能让孩子坦然面对错误、挫折，还是一种快速拓展的方式。

让孩子在最善于探索的年纪学会快速拓展自己的能力边界，才是我们该做的教育。从这个角度说，犯错其实是最好的成长机会。

第四章

想要孩子自主学习，
得陪孩子找到学习方法

  所有的父母都希望孩子能自主学习，可其实我们自己也经历过痛苦而枯燥的学习阶段，应该知道自主学习的前提是热爱学习。约束、督促、批评这些教导手段，只会让孩子越来越反感学习。我们应该陪着孩子探索，了解孩子的兴趣爱好，找到适合他的学习方法，然后通过有效的技巧增强孩子的学习信心，提高孩子的学习动力。

采用归纳法、联想法，帮孩子提高记忆力

记忆力是学习的基础。学校教育需要孩子记忆大量的公式、概念等，若孩子的记忆力不好，入门就会卡壳，影响学习效果；反之，若孩子的记忆力很好，学习会变得轻松，孩子就会有动力，学习效果也会更好。

那么如何帮助孩子

提高记忆力呢？这里为大家介绍两个记忆方法。

1. 归纳记忆法

这是最常用的记忆法，就是把相同、相近或者相对的内容集中起来进行整理归纳，从而加强记忆的方法。例如：

> 初中化学中催化剂的性质是"一变二不变"，这就是采用了归纳记忆法。"一变"指的是催化剂能够改变反应速率，或者加快，或者变慢；"二不变"则是指催化剂自身的质量、化学性质在反应前后不发生变化。

归纳法的最大特色就是将大量的知识点集中在一起，找出规律，用一条线穿起一堆散珠。

（1）中心词归纳法

中心词归纳法，就是以某个词为中心词，从四面八方找出与这个中心词有关的词的方法。这样集中地记比单向地一个个记效果要好得多。

> 背诵历史常会用到归纳记忆法，比如中国近代史，就可以用"一种性质""两对矛盾""三条线索""四大

阶级"……以此类推总结下去。其中，"一种性质"就是半殖民地半封建社会；"两对矛盾"则是指外国资本主义和中华民族的矛盾，以及封建主义和民众的矛盾；"三条线索"则是指压迫、反抗和探索；"四大阶级"是指农民阶级、地主阶级、无产阶级和资产阶级。

孩子可以根据这个思路继续往下类推，形成一个记忆链条，这样不光记忆方便，而且当需要哪个部分时，就可以扯出链条，找到相关的部分进行组装，一个清晰的历史故事就出来了。

（2）分类归纳法

分类归纳法是一种将事物按照一定的标准进行分类，然后对每一类进行归纳总结的方法。这种方法可以帮助孩子更好地理解和记忆知识，提高学习效率。

举个例子，如果孩子要学习动物分类，就可以按照动物的种类、习性、特征等进行分类，然后对每一类动物进行归纳总结，形成自己的知识体系。比如，可以将动物分为哺乳类、鸟类、爬行类等，然后对每一类动物进行详细的学习和记忆。

（3）表格归纳法

将需要背诵的内容整理成表格形式，这样可以更加清晰地看到各个知识点之间的关系和层次，有助于记忆和掌握。

（4）思维导图法

将需要背诵的内容整理成思维导图的形式，通过图形和文字相结合的方式，将各个知识点之间的关系和层次更加清晰地呈现出来，有助于记忆和掌握。

2. 联想记忆法

联想记忆法是一种通过联想将记忆内容与已知或容易记忆的事物联系起来帮助记忆的方法。简单来说就是用已知经验来拓展认知。

比如，英语单词 glass（玻璃杯）和 grass（草地）很容易混淆，但因为只有一个字母不同，所以可以用联想记忆法记忆。字母"r"很像小草，有这个字母的就是 grass（草地），那另一个就是 glass（玻璃杯）了。

这样找到最形象的点，就可以进行有效记忆了。联想记忆法包括以下两种。

（1）图像联想记忆法

图像联想记忆法的精髓就是把某个记忆内容想象成一个画面、一个人物、一个故事，当这些对孩子来说奇特、有趣、熟悉时，就能用已知推未知。

（2）谐音联想记忆法

谐音联想谐音法是一种利用语音相同或相似的特点，将记忆内容与容易记忆的事物联系起来帮助记忆的方法。

比如，记忆拉丁美洲中的这几个国家：洪都拉斯、巴拿马、哥斯达黎加、尼加拉瓜、萨尔瓦多、危地马拉。我们把每个国家的第一个字提出来，利用谐音就成为"红八哥，你啥味"。如果把每个国家的最后一个字提出来，利用谐音就成为"是吗？加瓜多啦"。

两句话很有生活画面感，奇特又很有意思，自然容易记忆。

时代给我们提供了丰厚的学习福利：我们有很多学习工具可用，如学习机、点读笔等；还有很多优秀的内容可学，很多平台上有大量优秀的老师、专业人才总结出的学习方法。只要我们不懒，动动手指，就能找到大量的好方法；动动脑，就能总结出更多的记忆方法。作为父母，我们别老看孩子学得好不好，而应先看看自己勤不勤。陪孩子，得动起来！

常开圆桌会议，
让孩子学会主动思考

什么叫圆桌会议？

下面先讲个传说。

五世纪时，英国的亚瑟王召集骑士开会，一些身份高贵的骑士和立下战功的骑士经常会因为座位排序而起纷争。亚瑟王很苦恼。后来，他想出一个绝招，他让下属给他准备了一张大圆桌。再开会时，骑士们看到只有圆桌，不分上、下

第四章 想要孩子自主学习，得陪孩子找到学习方法

席位，会议就和谐多了。这就是"圆桌会议"。

圆桌会议的精髓是全员平等、不分高低贵贱，每个人都有同等的发言权和参与权。这种会议形式旨在促进平等、开放和建设性的交流和讨论。我们看到国内、国际上的大型谈判，与会者都是围圆桌而坐。

在家庭中，父母和孩子也可以采取圆桌会议的形式来讨论问题，让孩子感受到自己被尊重、被重视。我们可以用圆桌会议来讨论家庭中的各种问题，包括家庭支出问题、孩子的学习方法问题、父母的工作问题等。在圆桌会议上，大家可以各抒己见，孩子参与的积极性较高。

刚加入会议时，孩子可能没法提出有效的方法，这时候可以让他倾听父母的观点和看法，学会分析、比较和评估别人想法的优劣，这有助于培养孩子的批判性思维，使他们学会独立思考并判断信息的准确性。

在会议中，家长要鼓励孩子发表自己

的观点和看法。而且，孩子在和父母讨论的过程中，思维可以得到拓展，从而能找到更好的解决办法，帮助孩子提高创造性思维能力。

那么，具体怎么召开圆桌会议呢？

1. 明确讨论的主题

在会议开始前，明确讨论的主题，比如学习方法。这能确保讨论的方向，让目标明确。同时也让参与者能够提前准备内容，不至于一开始因为大家没啥想法都沉默。

所有家庭成员都可以提主题，父母可能想讨论孩子的学习问题，孩子可能想讨论出游问题。只要是有问题，都可以写在家庭小黑板上。

谁提出的主题谁就做会议主持人。主持人要做的事就是明确内容主题、参与者、时间、地点，并在会议开始前准备好桌椅、茶水等。当然，主持人也可以带动全家做会前准备。会议结束，主持人做总结，自己或者带动全家人收拾会场。

2. 沟通要正式，交流要平等

会议开始后，大家进入交流时间，可以按照这样的流程进行：所有人按一定的顺序逐一阐述自己的观点—进入讨论—主持人进行总结。

　　这里要明确两点：第一点，既然是会议，就要正式一点儿。我们可以轻松地聊天，但态度一定要端正，保证会议不跑偏，不会成为口水嗑。第二点，在讨论问题时，父母要认真倾听孩子的意见和看法，并给予积极的回应和建议。如果孩子的观点与父母的不同，父母不要轻易地否定或批评孩子，而是要尊重孩子的想法，引导他从不同的角度去思考问题。

　　要让对方听取自己的意见或者建议，办法只有一个，那就是说服。这样可以促使家庭成员中的每个人站在对方的角度去思考问题。这也就要求父母得放下身段，主动去了解孩子。孩子则可以培养共情能力和同理心，从而能更理解父母的付出。

　　同时，说服还需要自己有高于对方的视野、解决问题的方法。这一点对孩子来说较难，却意义非凡。为了说服父母，他会主动搜索信息、资料，有理有据地进行说服。这就能提高孩子搜索信息、整理信息、解决问题的能力。当然，父母也可

以教授孩子一些具体的思维工具，比如鱼骨图、流程图、思维导图等。这些都能有效帮助孩子提高学习能力。

如果在会议中，几方人各持己见，谁也说不服谁，怎么办？这里为大家提供几个解决方案。

（1）寻找共同点

尽量求同存异。尽管各方可能会有分歧，但只要存在一些共同点或共同目标，大家就可以集中精力讨论这些共同点，并尝试找到解决问题的途径。如果实在找不到共同点，就提出中立的解决方案，以平衡各方的利益和需求。

比如，在讨论如何提高孩子成绩的会议中，父亲认为孩子应该增加学习时间，母亲认为应该多刷题，而孩子认为该找到更好的学习方法。孩子可以增加时间刷题，但在这个过程中父母应陪伴孩子总结出更好的学习方法，提高学习效率，这样以后就不用浪费太多的时间去刷题。他的成绩提高后，父母也不能再要求他用更多的时间去刷题。

（2）借助调解或协商的方式

如果讨论陷入僵局，可以借助调解或协商的方式来打破僵局。邀请一个中立的第三方参与讨论，以协助调解各方之间的分歧。比如，邀请老师或者亲友参加，协商出更好的办法。

（3）暂时搁置争议

如果讨论无法达成共识，可以考虑暂时搁置争议。这可以是一个暂时的妥协，为进一步的讨论和谈判留出时间。

3. 会后要进行跟踪和评估

会议得出结论后，全家人要一起执行会议的结果。为了保证每个人都能认真执行，我们可以评选出一人做监督员，定期跟踪和评估每个人的进步情况。根据评估结果，对行动计划进行调整和优化，以确保事情得到有效改善。

我们用这种态度和孩子一起讨论学习、生活的问题时，让孩子积极参与，能避免孩子被父母隔绝在生活之外，使孩子更有责任心，保持对世界的兴趣和探索欲望。

其实，最好的学习是随时随地都有发现，一事一物都有吸引力，让孩子主动去思考，主动去学习。

带孩子寻找新方法，
多角度获取知识

　　有没有父母觉得自己学历不高，不知道如何帮助孩子找到更好的学习方法？

　　有没有父母将自己认为最有效的学习方法教给孩子，孩子却用不好这种学习方法？

　　其实，在这个时代，教育孩子根本不用担心势单力薄，有时候不需要耗费巨资，就能找到很多好的学习方法。因为这是互联网时代，知识的获取途径是丰富的。只要我们睁开眼睛，打开耳朵，伸伸手，迈开腿，主动去寻找、去思考，就可以发现适合我们的学习方法。

　　下面就给大家简单介绍几种学习的渠道。

1. 工具渠道

还记得"妈妈再也不用担心我的学习了"那句广告语吧，真的是太抓人了。不用父母的监督指导，不用花钱进行课外辅导，只需要一台机器，学习就变得"so easy"。我们且不去说具体的某个产品到底好不好，只说智能机器的出现，给父母提供了一条辅助孩子学习的路径。

在互联网商业极度发达的今天，出现了太多学习辅助类产品，如点读笔、电子书、记忆笔、学习机、学习平板等，这些学习辅助类产品不仅丰富了孩子的学习方式，也提高了他们的学习效率。

明明妈妈很重视明明的学习，从明明刚会说话开始就教他背古诗词。小的时候，明明还乐意"鹦鹉学舌"，可妈妈喜欢考他，他就不耐烦了，越来越不愿意学习，还把记住的也都忘了。

后来，妈妈经人推荐买了一款学习机，里面有关于唐诗宋词的动漫，图文并茂。明明特别喜欢，根本就不用妈妈督促，每天自己主动打开机器去学习。反而是妈妈经常要阻止明明："学习一会儿就行了，起来出去玩一会儿吧。"因为妈妈担心他使用平板的时间过长而伤害眼睛。

智能机器之所以更吸引孩子，是因为大脑对文字、图片和视频的感知能力是不同的。视频可以给孩子更强烈的冲击和印象，而故事则可以帮助他们更好地理解和记忆知识。也就是说，智能机器可以帮助提高记忆力和理解能力。所以，使用智能机器能有效提高孩子的学习兴趣和学习能力。

不过，智能机器只是辅助产品，在选择和使用这些产品时，我们也应该注意合理使用，避免过度依赖。

2. 内容渠道

这是一个内容极度发达的时代，就连削土豆皮这么小的生活技能都能找到一大堆的指导内容，而关于全民重视的家庭教育、学习方法的内容，就更是多如牛毛。

就以提高记忆力为例，我们可以在微信公众号、抖音等内容平台上找到数不胜数的干货内容。这些内容，有的分学科讲述，有的根据大脑性质讲述，有的甚至将影响记忆力的情绪因素分析得特别透彻。

因为内容提供者都有一个吸引粉丝的目标，所以大多数内容都极有针对性，价值很高，有具体的适用情境和落地的指导方法。只要适合孩子，我们就可以拿来用。

薇薇是个偏科严重的孩子，文科学得轻松，理科学起来就非常艰难，特别是空间问题，她更是难以理解。妈妈在一个平台上看到有人用视频做空间图形，就将这些内容推荐给薇薇。因为视频能让孩子从360°看到一个完整的几何图形，薇薇一下子就理解了那些在课本上弄不懂的概念，有效提高了解题能力。

人类的智慧是无穷无尽的。最初，我们只能依赖自己学习；有了学校这类集体教育机构，就有了能帮助我们答疑解惑的老师；现在，我们有了互联网，也就有了恒河沙数的老师。就算一个老师只有一种解决方法，在大量的内容平台里有无数的老师，我们就可以找到无数种解决方法。我们可以优中择优，找到最适合孩子的学习方法。

因为内容繁多，使用内容渠道时要注意阅览和选择。最好由父母来做这项工作，避免孩子打着找方法的旗号沉浸在互联网里。至于如何才能做出好的选择，也需要训练。我们看得多了，给孩子实践得多了，也就知道哪些是好的，哪些更适合自己的孩子了。

3. 拜访学霸或优秀教师

如果我们想要帮孩子提高学习成绩，可以带着孩子去拜访优秀的学霸、老师等。

很多家长喜欢把"别人家的孩子"挂在嘴上，却不愿意去看看别人家的孩子到底为什么学习好：他拥有哪些自己的孩子没有的条件，做了哪些自己的孩子没有做到的事情，他们的家长是如何帮助孩子的。大多数孩子的智力水平都相差无几，剩下的就是周边的环境、条件的助力。与其总是抱怨孩子不好好学习，羡慕别人家的孩子优秀，不如脚踏实地地做一些事。

如今物质条件如此富足，学习方法比比皆是。我们应该充分利用这个时代的优势，不断带着孩子学习和探索更好的教育方法，为孩子提供更好的教育环境和资源。

不唠叨，少废话，孩子才能更专注

唠叨几乎是所有父母的弊病，哪怕是特别开明的父母，也会有忍不住唠叨孩子的时候。或者说，也会有被孩子评判为唠叨的时刻。

就说回家做作业这件事吧，不知道有多少父母天天唠叨，有些孩子不耐烦了，就算当着父母的面拿出了书本，也是神游天外，只要父母一离开，就会玩起来。

妈妈发现晨晨写作业特别拖拉，每次她到晨晨的房间都发现他在玩，不是看窗外树枝上的小鸟，就是玩多功能橡皮，要么就是在本子上乱写乱画。妈妈多次纠正无果，对他失望至极，便会拧着他的耳朵啰唆："你为什么不能好好写作业？你脑子里到底在想什么？""你今天不好好学习，明天是想要去放羊吗？""你看看人家××，人家做作业从来没有让父母管过。你呢，你为什么就做不到？"

　　有时候，晨晨被骂得激起了一点儿动力，就会说："谁说我不如别人？"然后便拿起铅笔快速写起来。但妈妈还在气头上，唠叨并没结束："你知道现在的竞争多激烈吗？你还不好好学习，将来被社会淘汰了，我看你依靠什么生活！"孩子听了又泄了气，干脆把铅笔一扔，说："那您打死我吧，省得我将来被社会淘汰，还得啃老！"

　　小孩子做作业的环境需要安静，干扰元素会让他无法集中精神。窗外鸣叫的鸟儿会吸引孩子，手里多功能的橡皮会吸引孩子，孩子的大脑本来就被各种事物填满了，再加上妈妈唠叨的声音，他如何能集中注意力呢？

　　由于大脑发育还不完善，小孩子的专注力本来就差，这时候妈妈如果不找方法，而只是唠叨，恐怕会适得其反。特别是当妈妈的唠叨里充满了失望、批评、指责、对比时，孩子的自尊心就会受挫，会对自己没有信心，对自己所做的事也会更加厌烦。

　　我们也知道唠叨不对，那为什么我们还是会唠叨呢？

　　传统的教育方式让我们以为唠叨是一种传递信息的方式。有个方法我们要传给孩子，有个心得要传给孩子，有个认知也要传给孩子……唠叨，实质上是我们传递爱的一种方式。所谓爱之深，责之切，我们恨不得把自己的思想直接灌输进孩子的大脑里，让孩子一眼就看到我们看过的危险，一下子就明了我们拥有的经验。

然而，唠叨在大多数时候只会阻隔两代人的正常沟通。

这一代孩子是互联网"原住民"，他们很早就接受了大量的信息，自主意识觉醒得较早。他们比较叛逆，自主意识较强，明知道父母说的是正确的，也不会按照父母的要求去做；宁肯受惩罚，也不听劝。父母看到他们因不听话而犯错时会非常生气，接下来的唠叨就不只是提醒，而是批评、指责。孩子听了，自然会不耐烦。

案例中，父母唠叨的目的是想让孩子集中注意力。但其实，不唠叨才能让孩子更好地集中注意力。父母可以从以下几点着手。

1. 给孩子自律的机会

孩子有独立做事的能力，也能集中注意力做一件事。我们应该给孩子自律的机会。

首先，最重要的一点就是给予孩子自主权。让孩子有机会自己做决定，这样可以培养他们的独立思考能力和责任感。在给予孩子自主权的同时，也要引导他们了解自己的决策可能带来的后果，并学会承担责任。

其次，尊重孩子的个性和意愿，不要强迫孩子接受自己的观点。与孩子建立信任和尊重的关系，让他们感到被理解和尊重，这样可以提高他们的自律力和自信心。

2. 不要唠叨，要找方法

唠叨的确能传递信息，但当唠叨不管用时，我们得想别的方法帮助孩子改变不好的习惯。

以让孩子集中注意力为例，当我们的第一方案对孩子无效时，就应该寻找别的方案。这里为大家提供几个小方法。

首先，要为孩子创造一个安静、整洁、舒适的学习环境，减少外界干扰。确保学习环境的光线、温度等适宜，让孩子感到舒适，有利于集中孩子的注意力。

其次，为孩子制定合理的时间表，让其有规律地学习、休息和娱乐。这样可以让孩子养成良好的学习习惯，提高集中注意力的能力。

最后，可以将大任务分解为小任务，让孩子逐一完成。这样可以帮助孩子逐步集中注意力。

3. 学会正确使用奖励和惩罚

很多父母不会正确使用奖励和惩罚，看到孩子做错了就愤怒地批评、惩罚，孩子取得了好成绩就乐呵呵地表扬。其实，奖励和惩罚也是有方法的。

首先，父母要和孩子一起定目标。目标要根据孩子的特性制定，孩子稍微努力就能完成，他自然愿意去做。另外，孩子知道自己要去承担什么，也清楚承担与不承担的后果，才会心里有数。

其次，奖励的一定是孩子想要的，这样可以激发他的积极性和动力。惩罚的一定是他害怕的，这样可以让他真正意识到自己的错误并改正。

教育是一门艺术，一定要加入父母的主动思考，不能想当然地做事，更不能逆势做事。**唠叨是直给式教育，是该舍弃的。**为了让孩子更主动、更自律，父母要找好方法，引导孩子自己去管理自己。

父母爱读书，孩子通常也爱阅读

古人已经明确地告诉我们："书中自有黄金屋，书中自有颜如玉。"读书是让孩子增长见识、拓展视野、提高学习兴趣的有效方法。

广泛阅读对于提高孩子的各科学习成绩具有显著的效果。有研究显示，很多数学成绩较差的孩子并非因为思维力不足，而是因为阅读量较少，无法理解应用题的题干，以致经常出现错误。近年来，教育领域发生了变革，考试题型更加注重考查学生的阅读和写作能力。如果孩子阅读理解能力较差，考试时很可能大量失分。因此，让孩子爱上阅读是提高学习成绩的必要条件之一。

父母是孩子最亲近的人，孩子在成长的过程中会以父母为榜样。因此，要想让孩子爱上学习，家长首先要成为一个爱学习的人。如果家长每天都在电视机前追剧或玩手机玩得停不下来，即使再怎么费尽口舌，也无法让孩子好好学习。相反，如果父母本身爱读书、爱学习，孩子会在耳濡目染中成为一个爱读书的人。因此，家长要以身作则，为孩子树立一个良好的学习榜样。

妈妈一直想要带着毛毛一起阅读，因此买了很多有趣的图书。无奈爸爸太贪玩，不是抱着手机刷视频，就是在游戏机面前奋战。妈妈经常把毛毛带进书房读书，但他一听到爸爸玩游戏发出的呼喝声，就会被吸引跑。

有一天，爸爸说要学习了。原来，他在组长的位置上待了五年还没有升职。最近，公司又招了一批应届生，他们有活力且掌握着新技术。爸爸的危机感一下子增强了，一旦被公司辞退，房贷、车贷、孩子的教育费、一家人的生活费就都成了问题。迫于压力，他自费报名学习新技术。

　　毛毛很不理解，问道："爸爸，您都是大人了，怎么还要学习？"爸爸指着墙上的座右铭说："不学习没饭吃。"毛毛跑去问妈妈。妈妈也对毛毛说："不学习没饭吃。"毛毛以为这是妈妈的新规定，连忙也跑到书桌前认真学习起来。

　　有一个周末，爸爸还在电脑前学习，毛毛忍不住玩了一会儿游戏，但妈妈并没有惩罚他。于是他放松下来，玩了一整天的游戏。晚上，他玩得无聊，便想要叫爸爸陪玩，但爸爸忙着学习，顾不上他；他又想要叫妈妈陪玩，但妈妈看书入了迷。他百无聊赖，也拿起书看起来。

当孩子好奇书里到底有什么让爸爸妈妈如此入迷时，他们自然会想去看看。带着孩子一起读书需要相应的方法。

1. 为孩子购买有趣的书籍

很多孩子之所以不爱读书，是因为从小就被父母、老师安排读一些他不喜欢的书。兴趣是最好的老师，为了让孩子爱上阅读，我们应该根据孩子的兴趣爱好和阅读能力，为他们挑选合适的书籍。

对于年龄较小的孩子，可以选择一些色彩鲜艳、图案生动的图画书，让他们通过图片和简单的文字了解故事情节。对于年龄较大的孩子，可以选择一些具有丰富的情节和丰满的人物的故事书，让他们在阅读中体验不同的情感和思考。

此外，父母还可以与孩子一起挑选书籍，让他们参与决策过程，这样他们会更加珍惜这些书籍。在购买书籍时，可以选择一些经典的儿童文学作品，这些书籍通常具有丰富的故事情节和生动的语言，能够激发孩子的阅读兴趣和想象力。

2. 为孩子创造安静的阅读环境

我们可以在家里设立一个专门的阅读区域，或者在孩子的卧室里设置一个阅读角。这个区域应该安静、整洁，并且有足够的自然光线或柔和的灯光，让孩子在舒适、放松的状态下阅读。

3. 安排固定的阅读时间

父母还可以为孩子设定一个固定的阅读时间，例如每天晚上或周末的某个时段，让孩子有固定的阅读习惯。在这个时间段内，父母可以陪伴孩子一起阅读，或者让孩子自己阅读。这样的安排可以帮助孩子培养阅读的自律性和自主性。

4. 使用一些刺激阅读的方法

阅读是一项需要持续努力和投入的活动。通过激发孩子的阅读兴趣和动力，可以让他们更加主动地投入到阅读中，享受阅读的乐趣，逐渐培养良好的阅读习惯和能力。这里给大家提供几个小方法。

（1）角色扮演

父母可以与孩子一起扮演故事中的角色，或者让孩子自己扮演，这样可以帮助他们更深入地理解故事内容，并增加阅读的乐趣。

（2）互相讨论

父母可以与孩子讨论一些大家都感兴趣的问题，分享彼此的看法和感受。这可以帮助孩子更好地理解内容，同时也可以激发他们思考的积极性，提高他们的表达能力。

（3）做项目

为了激发孩子的阅读动力，父母可以为孩子设定一些与阅读相关的项目，例如写读书笔记、编写故事续集、制作故事人物卡片等。这些项目可以让孩子更深入地理解故事内容，激发他们的创造力和想象力。

我们可以不要求孩子学富五车、功成名就，但我们一定要带孩子学会阅读，充实自己。因为拥有丰富的头脑，才能创造更好的人生。

第五章

带孩子去看看世界，
让孩子拓宽眼界

　　世界那么大，一定要带孩子多出去看看。我们可以选择旅行、参观历史博物馆、参加社会文化活动等方式，让孩子感受历史、认知社会，体验不同地区的文化特色，接触到更广阔的知识领域，从而拓展视野、增长见识。出去看世界，不仅可以激发孩子的兴趣和好奇心，还可以培养他们的观察力和思考能力，让孩子成为更好的自己。

带孩子去旅游，让他学会遵守社会秩序

随着人们生活水平的提高，外出旅游已经成为家庭的一项主要活动。带孩子去旅游的好处太多了，如丰富阅历、增强体质、锻炼社交、开阔心胸、增进亲子关系等。但我更希望父母带孩子出游时，教会孩子遵守世界秩序。因为我们有时会在新闻报道中看到一些不文明的出行行为，这些行为不仅破坏了社会秩序，也

影响了旅游体验。

　　有一个流传很广的短视频讲述了这样一个故事：在一列高铁上，几对父母带着孩子外出旅游。这些孩子大声说笑，严重影响了车厢秩序。特别是中午时间，很多人想要闭目养神，却被这些孩子吵得不得安宁。列车员委婉地劝说了好多次，家长无动于衷，孩子更是满不在乎。

　　有一位乘客实在忍无可忍，对列车员说："您先歇歇，我来说。"他站起来，"啪啪"拍了两下手，高声喊道："都听我说两句，大家都是在公共场所，列车员已经提醒多少次了，不要大声喧哗，为什么还是不自觉呢？那些怀里抱着婴儿的父母，都害怕影响大家休息，跑到两个车厢的中间去了。你们这么大的孩子了，都上小学了吧？难道不知道遵守公共秩序吗？孩子不知道，大人也不知道吗？这么大的孩子，父母不知道教育，难道要等到他们进入社会的时候，让社会教育吗？言尽于此，都琢磨琢磨吧。"

　　这位乘客说话的声音不算大，但言辞犀利，车厢里一下子就鸦雀无声。

因此，父母带孩子外出旅游时，应该告诉孩子：文明出行，遵守公共秩序，尊重他人的权利，爱护公共环境，以身作则，传递文明的理念和行为方式。

1. 尊重当地文化

尊重当地文化是每个旅行者都应该具备的素质。在临出行时，我们可以和孩子一起做好攻略，提前了解当地的语言、风俗习惯、宗教信仰和价值观，一方面能丰富我们和孩子的认知，另一方面可以避免因为文化差异而引起的误解和冲突。

在世界杯比赛期间，一对中国父母带着孩子到阿拉伯国家旅行。由于自己喜欢的足球队赢球了，孩子随手将一个彩虹色的小旗子插在了头顶上，结果却引来了很多路人的围观。一家人非常困惑，因为印象中阿拉伯人对中国人很友善。

爸爸会一点儿阿拉伯语，拉住一个年轻人问为什么。很凑巧，那个年轻人很喜欢中国文化，也会说一点儿中国话。他说在阿拉伯，人们不喜欢彩色的袖标、彩虹的旗帜。一家人恍然大悟，孩子忙把彩虹色的小旗子拿下来，并跟年轻人说："非常抱歉，我们尊重阿拉伯文化，只是之前不知道这个禁忌。"年轻人见孩子如此懂礼，送给了孩子一块巧克力。

由于地理、历史、气候等多方面因素的影响，每个地区都会形成自己独特的文化信仰。这些文化信仰和价值观不仅塑造了当地人的行为方式和思维方式，也影响了他们对外部世界的看法和态度。

想想有这样一群人，他们来到我们的地盘上，却对我们奉为圭臬的价值观进行诋毁抨击，我们会如何对待他们？第一念头就是驱赶出去。所以，外出旅游中，一定要尊重当地的文化信仰。

2. 遵守公共秩序

我们最该告诉孩子的，包括这些内容：遵守排队等候的规则，不要插队、拥挤、推搡；在公共场所保持安静，不要大声喧哗、吵闹，以免影响他人；在参观历史古迹、博物馆等场所时，要爱护文物，不要触摸或破坏文物；在景区或旅游活动中，要遵守规定，如禁止攀爬、禁止游泳等，以免发生意外；要尊重他人，包括其他游客、导游和工作人员等。

3. 增强环保意识

要教导孩子保护环境的重要性，让他们明白保护环境是每个人的责任和义务。具体包括：在出发前，尽量准备一些环保用品，如可重复使用的购物袋、水杯、餐具等，减少对一次性塑料制品的依赖；在住宿过程中，尽量使用环保洗涤剂；在旅游过程中，尽量节约用水，避免浪费水资源；注意垃圾分类，将可回收的垃圾和不可回收的垃圾分别投放，减少对环境的污染。

文明出行，就是让美丽的世界成就美好的孩子。

带孩子去父母工作区看看，他会更尊重劳动

因为疼爱孩子，几乎所有的父母都不会告诉孩子自己的艰辛，不会讲述自己的无奈，更不会说明自己的压力。为人再脆弱，一旦成为父母，也会变得格外刚强，总是把孩子挡在艰辛与痛苦之外。

可你知道吗？这其实是将孩子隔离在生活之外，孩子终究要长大成人，也必然会走向社会。给孩子太完美的保护等于降低他

们的免疫力，使他们变得脆弱，一旦遇到复杂的形势，他们就会不堪一击。所以，在孩子小的时候，我们可以带孩子到我们的工作区看看，让他们看看我们在做什么，社会是怎么分工的，让他们更好地理解劳动的价值和意义，从而更加尊重劳动。

雯雯的爸爸是做视频剪辑的，在一家大型自媒体平台工作。有一段时间，他们组要做一个与儿童相关的视频，想请几个孩子过来做协助调查。雯雯爸爸就给雯雯报了名。能去爸爸工作的地方看一看，雯雯非常兴奋。

爸爸的同事都很热情，给雯雯准备了很多小零食。但雯雯坐不住，爸爸见调查还没开始，就带她去参观。爸爸带雯雯去了自己工作的格子间、会议室，还有拍摄区。

格子间很窄小，每个人就一平方米大的地方，桌子上堆满了各种文件，桌下又堆满了各种器具，而且格子间里的人都很忙碌。雯雯听见一位阿姨的键盘发出急促、清脆的敲击声，又看见一位叔叔把大拇指在键盘上一晃，流光溢彩的画面就显示出来了，她兴奋地说道："简直太神奇了！"

会议室很大，有一些展示文档等的设备。比如，投影设备是用来展示幻灯片、视频等内容的，电子白板或触摸屏是用于展示图表、数据等内容的。这些设备可以让与会者在互动和讨论的过程中更加方便。学校也有投影仪和白板，这些对于雯雯来说并不稀奇。

摄影区是几个格子间，每个组可以根据自己的选题来布置摄影区。比如：儿童题材的，就要将房间布置得更童趣一些；女性题材的，就要把房间布置得优雅一些。

接着，雯雯配合着完成了调查内容。爸爸又带着雯雯去吃了一顿工作餐，雯雯又体验了刷卡打饭，她觉得既新奇又好玩。

让孩子了解父母的工作环境，有很多益处。

1. 理解父母的辛苦

通过实地参观，孩子可以更好地了解父母的工作环境和工作内容，明白父母为什么没有那么多时间陪自己，为什么有时回到家后会感到疲惫，让他们知道父母为这个家庭做出的贡献，了解自己每天的一衣一食都来之不易，从而更加珍惜和感恩父母的付出。此外，还能让孩子更加深刻地认识到劳动的价值和意义，明

白只有通过辛勤的劳动才能创造美好的生活。

2. 了解不同职业的特点

不同职业有着各自独特的工作环境和工作内容，而不同行业也有着各自的运作过程。带孩子参观父母的工作区，可以让孩子深入了解企业的运作模式和社会的多样性与复杂性。这样的体验有助于孩子明确自己的职业规划和目标。此外，孩子还有机会学习到实用的技能和知识，为未来的生活和工作奠定基础。

3. 增强孩子的责任感

带孩子参观父母的工作区，让孩子看到大家各司其职，每个人都要为自己的工作内容负责，可以增强孩子的责任感。

浩浩的妈妈是流水线工人，他跟着妈妈参观工厂，发现工厂里有一条规定：自我工序完结。妈妈解释说："每个人都要把自己这个环节的工作做到最好，避免后面的环节出现问题而返工，增加成本。"

回到学校，和搭档一起大扫除时，浩浩就告诉同学很多企业都有一些优秀的做事习惯、方法，父母带着孩子到自己的工作区参观，可以让孩子学会一些方法、技巧，同时也学会对自己的责任区负责。

总之，这是一种让孩子提前融入社会的绝佳实践机会。通过参观职场，孩子可以提前体验社会生活，了解不同职业、不同人群的生活方式和思维方式，从而更好地适应未来的社会生活。

第五章 带孩子去看看世界，让孩子拓宽眼界

让孩子参加社区活动，学会主动与人协作

社区是安全并充满活力的社会区域，我们可以带着孩子多参加社区活动，让孩子拓展社交圈，学会与人协作。

周末，小风去找同学泽泽玩。刚进入泽泽家所在的小区，小风就看到泽泽正和一个小男孩在健身区打羽毛球。小风跑过去，也想加入。泽泽简

单介绍说小男孩名叫亮亮，是他们社区的一个小弟弟。随后，三人就一起玩了起来。

正玩得高兴，小风听到小区里有吹哨的声音。亮亮忙说："今天社区有活动，听说是拔河比赛，要不要去参加？"泽泽说："当然。走，小风，我们去看看。"

没走多远，泽泽就又叫上了好几个不同年龄段的男孩、女孩。小风发现，泽泽几乎认识小区里所有的孩子，那些孩子也都很喜欢泽泽。等到了小区的广场上，泽泽的身边已经有了一支小队伍。

活动场上的孩子见到泽泽来，有人欢呼起来，有人高声问："泽泽，你是要自己组建一队吗？"泽泽拍着胸脯回道："对啊，我带着我的朋友来了。咱们先来热个场如何？"

社区的工作人员看到泽泽来了，笑着说："行了，今儿这活动就你主持吧！"泽泽笑着回答说："好嘞！阿姨，您就在旁边瞧好儿吧！"

因为参赛的孩子较多，泽泽将所有人分成了甲、乙、丙三队。为了增强比赛的趣味性，泽泽设计了两轮比赛。第一轮，先通过抽签的方式决定哪支队伍直接晋级，然后剩下的两队进行对决，胜出的队伍再与直接晋级的队伍在第二轮中争夺最后的胜利。

　　小凤和亮亮都被分到了甲队。泽泽作为裁判，并没有参与比赛。在第一轮的抽签中，丙队幸运地直接晋级。随后，甲队与乙队展开了激烈的较量。丙队有个小朋友悄悄地跑到乙队后面，想帮助乙队。亮亮发现后大喊"不公平"。泽泽立刻走过去将那个小朋友拉开，并用小喇叭提醒他："真正的英雄是不会搞小动作的哦！"那个小朋友红着脸，羞愧地走开了。

　　经过两轮比赛，最终甲队获得了胜利，每个队员都拿到了一小盒酸奶作为奖品。小凤一边品尝着酸奶，一边对泽泽说："难怪每次班级里有活动都会找你，原来你从小就在社区里组织各种活动呀！"

　　参与社区活动是锻炼孩子的一种好方式，它能让孩子接触整个社区的人，能让孩子在活动中学习与人协作，从而培养他们的团

队合作精神和组织能力。这里给父母一些小建议。

1. 选择适合孩子的社区活动

一般来说，社区会有文艺演出、书法比赛、绘画展览等文化活动，有运动会、健身操、太极拳等体育活动，有社区义诊、环保活动、助学活动等公益活动，还会有亲子游园会、亲子运动会等亲子活动。我们可以根据孩子的兴趣和年龄，选择适合他们的社区活动。这些活动可以让孩子与不同的人合作，共同做一件事、完成一个任务，让孩子学会与人协作。

在活动中，我们要教育孩子理解团队合作的重要性，并学会倾听和尊重他人的观点。当遇到难题时，我们要鼓励他们积极思考和解决问题，集思广益，借助团队的力量，共同应对挑战。当完成任务时，大家共同享受合作的成果。这样能强化孩子的合作精神。

2. 鼓励孩子参与活动的组织和策划

当孩子大一点儿时，可以让孩子在活动中担任一些领导角色，如小组长、队长等。这可以帮助他们更好地发挥自己的领导能力，学会如何带领和管理一个团队，以及如何分配任务和协调团队成员之间的关系。

当孩子再大一点儿时，就可以让孩子参与活动的策划。我们可以提前让孩子了解活动的目的和流程，比如，应该设计什么样的环节才能让活动更有意义，在活动中会遇到什么问题，等等。我们还可以设置一些突发事件，来培养孩子的随机应变能力。不管是大活动还是小活动，越拥有大局观，考虑得越周全，活动才能越圆满。

和一个人沟通做事与和一群人沟通做事，感觉是完全不同的。尤其是在社区活动中，孩子需要与不同年龄、背景和兴趣的人沟通与合作。他们需要了解每个人的特点和喜好。领导和组织协作也要因人而异，因人群而异。

当然，如果孩子过于内向，我们也不要强求他们必须具备领导力和组织能力。实际上，任何孩子只要多参与团队活动，多与

人协作，并具备较强的解决问题的能力，就能够在团队中发挥积极的作用。有些孩子未必喜欢发号施令，但拥有大局观和协作能力，依然会成为团队的中坚力量。

而且，未来社会软组织将会成为主流，这种组织需要的可能不是发号施令的管理者，而是有大局观、会协作的人。

带着孩子参与社区活动，就是以小见大，以近求远。用小的积累成就大的品格，在当下的活动里磨炼能力。

多带孩子出去做客，提高他的社交热情

我们现在已经知道从小培养孩子的社交能力是非常重要的。多带孩子去别人家做客，也可以提高孩子的社交能力。这一节，我们就谈一谈怎么带孩子到亲戚朋友家做客。

小虎从小就贪玩好动。有一次妈妈带他去舅舅家玩，小虎看到玄关处摆放的花瓶里居然有一条游动的鱼，就上去抓了一把，结果把花瓶碰到地上打碎了。妈妈非常生气，回到家后，就把小虎训了一顿，并且从此以后再也不敢带他去别人家做客了。

很显然，小虎妈妈的做法是错误的。

孩子对陌生的人、事、物产生好奇是正常的现象，我们不能因为孩子贪玩好动、偶尔闯祸就因噎废食，把孩子困在家里。要知道，这样做就是用一条无形的绳索困住孩子的心灵。看起来，你只是困他几年，实际上，你可能会困住他一辈子。

因为怕孩子闯祸便把他困在家里是不对的。我们还是应该多带孩子出去见见亲戚、朋友。但在这之前，我们应该提前做一些必要的准备。

1. 教孩子基本的礼仪和规矩

在参加社交活动之前，和孩子一起讨论可能遇到的情况和应对方法。可以让孩子了解社交场合中的礼仪和规则，以及如何与他人交流和表达自己的想法。

具体来说，包括但不限于下面的这些规矩：

（1）见面礼仪

教孩子在见到主人和其他客人时主动问好。这不仅是一种基本的礼貌，也能让孩子在社交场合中更加得体。

文明得体的孩子通常都会得到人们的赞扬，这种赞扬反过来会提高孩子的自信，让孩子更愿意做一个懂文明、讲礼貌的好孩子。

（2）行为规范

教孩子在客人家中时要保持安静、整洁，不要乱扔东西或破坏主人家的物品。同时，要告诉孩子尊重他人的时间和空间，不要打扰主人或其他客人。

（3）餐桌礼仪

如果要在主人家用餐，教孩子正确的餐桌礼仪。

在主人邀请入座之前，不要自行坐下。等待主人的指示，按照主人的安排就座。

在用餐过程中，要保持安静，不要大声说话或咀嚼食物，更不能乱玩刀叉，避免发出嘈杂的声音，以免打扰到其他人。

正确使用餐具，如筷子、勺子等。不要用筷子或勺子指着人说话。

如果有不喜欢的食物或饮料，不要指责、厌弃；对于喜欢的菜品，不要霸占。

（4）告别礼仪

离开时，要教孩子主动与主人和其他客人告别。

2. 教孩子沟通技巧

带孩子出去做客，可以提高孩子的社交热情和表达能力。如果孩子内向，要多鼓励他主动与其他人交流，结交新朋友，让他学会主动表达自己的想法和意见，与他人建立良好的关系。如果孩子非常活泼，也应该告诉他一些基本的沟通技巧。

（1）用语尊敬、亲切

不管是进门问候，还是坐下后寒暄，都要保持尊敬的态度。即使是很亲近的亲属，也不能显得太随便，以免招致他人的反感。

（2）多表达夸赞和欣赏

与人聊天时，要尽量多表达夸赞和欣赏，用发现美的眼睛去发掘别人身上的优点和成就。这体现的不只是品质问题，还是人生的态度问题。一个善于发现美的人，他的周围会缺少美吗？

但有些孩子在成长的过程中，偶尔听到一些脏话、怪话，开始时会因为好奇而不断重复。此时，如果家长没有及时制止，他们就会形成恶劣的语言习惯。一旦进入社交场所时出口成脏，就很容易惹人厌烦，还可能会因伤害到他人的感情而引起纠纷。

（3）教孩子活跃气氛的窍门

我们出去做客，第一个话题通常都是孩子。如果孩子有特长或兴趣爱好，可以让孩子准备一个小型的表演节目，如唱歌、跳舞、讲故事等。这不仅可以展示孩子的才华，还可以为主人和其

他客人带来欢乐。但对于内向的孩子，就不要过于强求。在孩子愿意的前提下，父母可以帮助孩子在家里准备好节目。孩子第一次表演得顺畅了，之后才会愿意主

动表达、表演。

另外，孩子也可以把在学校里或其他地方发生的一些有趣的事情分享给主人和其他客人，从而增加彼此之间的互动和交流。

不管社会怎么变，我们要去面对的还是人性的需求，我们要去融洽的还是人与人之间的关系。多带孩子出去做客，见的人越多，孩子的素养就会越高，未来也就越能更好地适应社会。

全家去看演出，促进孩子全面发展

带着孩子看演出，可以让孩子接触到不同的文化，看到不同的表演形式，学习到许多书本上学不到的知识和技能。这样的体验不仅有助于孩子的全面发展，还能让他们更加热爱生活，提高艺术欣赏品位。

暑假期间，小庆和爸爸妈妈去四川旅游。他们偶然在一个茶馆观看了一场川剧变脸表演。小庆在电视上也看过变脸表演，当时只是觉得好玩。而在现场看，感觉完全不同。一家人坐的位置非常靠前，小庆能清晰地看到艺人变脸的全过程。

小庆目不转睛地盯着艺人的脸，生怕错过任何一个细节。他发现，艺人变脸有时候是用手抹一把脸，有时候是吹一口气，有时候是扯一下帽子。他实在好奇变脸的机关到底在哪里。这样想着，就忍不住往前凑。妈妈怕他影响艺人的表演，赶紧将他拉了回来。

　　但表演艺人很随和，将小庆请上了小舞台。他问小庆想不想学变脸。小庆大声说："当然想！"于是艺人给小庆戴上了一顶特殊的帽子，这顶帽子里藏了很多用绸缎做成的脸谱，每个脸谱上都有一条抽拉绳子。表演时，只要抽拉绳子，就可以完成换脸。艺人教给小庆几个变脸的动作。几分钟后，艺人请小庆给大家表演。

　　小庆的心思完全在那些脸谱上，所以他一点儿也不怯场。他牢牢记住了艺人教给他的表演诀窍，很顺畅地完成了表演。表演一结束，全场鼓掌。艺人也不断赞扬小庆，还将那顶帽子送给了小庆。

　　回到家后，小庆对这次表演依然回味无穷，他一个人跑去图书馆找关于川剧变脸的内容。他学到了很多内容：变脸，其实是一种艺术表达手法，不同的情绪、不同的情境氛围，会有不同的脸谱。他还知道，扯脸其实是非常复杂的表演，他在小舞台上的那几个动作，不过是借助了一项很独特的帽子，而且观众对他的表演没有苛求。事实上，要学会扯脸，需要花费大量的时间练习，要把扯脸的动作融进戏剧内容中，要在大家毫无察觉的情况下完成变脸，使人们因为脸谱情绪的变化而沉浸在戏剧节奏里，深刻体会戏剧的悲欢离合。

所谓演出，是艺术家、演员或表演团体在特定的时间和环境下表演艺术作品或节目的活动。它是一种以表演、渲染和展示为特点的艺术形式，旨在向观众传达情感、传递信息，或为观众提供娱乐。

带着孩子看演出，可以让孩子了解和传承中国的传统文化，增强文化自信。表演通常带有丰富的情感色彩，孩子在观看的过程中，可以感受到喜、怒、哀、乐等不同的情感体验，有助于培养孩子的情感表达能力和沟通能力。而且孩子可以欣赏到精湛的技艺和独特的艺术魅力，从而能提高孩子的艺术鉴赏能力。

可能很多人会有这样的疑问：什么样的家庭，才能经常带着孩子去看演出？其实，这里所说的"演出"，不仅仅是指价格高昂、需要去很远的城市才能看的演唱会，以及在大型剧院里表演的大型歌舞剧，也可以是身边的一场有准备、有艺术水准、有意思的表演。

随着中国文旅产业的不断发展，各地的文旅部门都在积极地挖掘和展示当地的风俗文化、艺术特色，自然就会有各种形式的演出、展览等活动。孩子们有更多的机会看演出，接触到不同类型的艺术表演，从而拓展自己的视野，提高自己的艺术素养。

　　生活其实充满了各种可能性，需要我们去尝试和发现。艺术不只在大城市里有，它可能在任何角落，以任何形式出现。尤其是在内容平台极度发达的今天，每个有想法、有才艺的人，都有向世界展演的机会。孩子们也就有了可以接触各种文化艺术类型的机会。只要父母有心，提高孩子的艺术素养，拓展孩子的视野，并不是难事。